"十三五"职业教育国家规划教材

汽车维护
（第2版）

主 编 肖景远 马玉光 吴 刚
副主编 张亚东 吴春辉 秦宝库

北京理工大学出版社
BEIJING INSTITUTE OF TECHNOLOGY PRESS

内容提要

本书主要以大众车系为例，详细介绍了汽车维护设备、工具、量具的使用，汽车常规维护，车辆首次维护，汽车15 000 km维护，汽车30 000 km维护项目及具体操作方法，并以附录形式介绍了桑塔纳轿车的维护规范、丰田汽车维护培训考核表等。

本书主要供职业学校汽车运用与维修专业教学使用，也可作为相关行业岗位培训教材和各汽车4S维修店从业人员自学用书。

版权专有　侵权必究

图书在版编目（CIP）数据

汽车维护/肖景远，马玉光，吴刚主编. —2版. —北京：北京理工大学出版社，2019.10（2021.12重印）

ISBN 978-7-5682-7757-0

Ⅰ.①汽…　Ⅱ.①肖…②马…③吴…　Ⅲ.①汽车–车辆修理–职业教育–教材　Ⅳ.①U472

中国版本图书馆CIP数据核字（2019）第238500号

出版发行 / 北京理工大学出版社有限责任公司	
社　　址 / 北京市海淀区中关村南大街5号	
邮　　编 / 100081	
电　　话 /（010）68914775（总编室）	
（010）82562903（教材售后服务热线）	
（010）68944723（其他图书服务热线）	
网　　址 / http://www.bitpress.com.cn	
经　　销 / 全国各地新华书店	
印　　刷 / 定州市新华印刷有限公司	
开　　本 / 787毫米 × 1092毫米　1/16	
印　　张 / 14	责任编辑 / 张荣君
字　　数 / 329千字	文案编辑 / 张荣君
版　　次 / 2019年10月第2版　2021年12月第4次印刷	责任校对 / 周瑞红
定　　价 / 36.00元	责任印制 / 边心超

图书出现印装质量问题，请拨打售后服务热线，本社负责调换

前言

"汽车维护"是在对汽车类职业工作岗位进行整体调研与分析的基础上,采用基于工作任务引领学习过程的课程,校企合作开发的一门校内学习与企业实际工作相一致,做中学、学中做为一体的一体化教学课程。

全书主要内容包括:汽车维护设备、工具、量具的使用,汽车常规维护,车辆首次维护,汽车15 000 km维护,汽车30 000 km维护等。

本书的特色主要有:

1)根据专业职业能力要求,以职业岗位典型工作任务为学习情境,以完成某一实践任务为"活动",能够充分体现职教课程现场性、操作性与职业性的特质。

2)真实的学习情境,使学生与"职业人"一样工作,接受职业训练,提高对职业社会的认识,深刻感受企业文化,可以增强学生的直观体验,激发学生的学习兴趣。

3)以就业为导向,以企业的人才需求为培养目标,教学内容贴近企业的岗位需求。

4)基本知识点清楚,做中学、学中做,图文并茂,直观性强,通俗易懂。

5)针对性强,切合职业教育目标,重点培养职业能力,侧重技能传授。

6)实用性强,大量的经典真实案例,实践内容具体详细,与就业市场紧密结合。

7)适应性强,教程与实训二合一,适合于各职业学校。

8)强调知识的渐进性,兼顾知识的系统性,结构逻辑性强,针对职业学校学生的知识结构特点安排教学内容。

本书由辽阳技师学院肖景远、马玉光和辽阳职业技术学院吴刚担任主编,辽宁兴旗汽车销售服务有限公司张亚东、辽阳职业技术学院吴春辉、辽阳瑞达汽车服务有限公司秦宝库担任副主编。钱卫钢、刘洋、刘志刚、曹轩、刘汉鼎、张伟、刘海、徐特等老师对本书的编写提供了大量的帮助。本书由辽阳市人社局副局长、辽阳技师学院院长郭慧主审。

限于编者的经历和水平,加上这种教材编写模式也是一种新的尝试,以及任务引领型课程注重工作任务的完成、不强调学科性的特点,教材难以涵盖课程中所有的知识点,有些活动难以适用各地各校实际和师资情况。希望各教学单位在选用和推广的同时,注意总结经验，及时提出宝贵意见，以便再版时加以改进。

  本书主要供职业学校汽车运用与维修专业教学使用，也可作为相关行业岗位培训教材和各汽车4S维修店从业人员自学用书。

编　者

目录 Contents

项目一　汽车维护设备、工具、量具的使用 ……………………………………… 1
　任务1　常用工具的选择与使用 ………………………………………………… 1
　任务2　常用量具的选择与使用 ………………………………………………… 14
　任务3　常用举升设备的使用 …………………………………………………… 21

项目二　汽车常规维护 ……………………………………………………………… 31
　任务1　发动机舱检查与维护 …………………………………………………… 31
　任务2　乘员舱内检查与维护 …………………………………………………… 47
　任务3　车身外部检查与维护 …………………………………………………… 51
　任务4　车载工具与用品的使用 ………………………………………………… 60
　任务5　常规维护作业学习成果展示与评价 …………………………………… 65

项目三　车辆首次维护 ……………………………………………………………… 68
　任务1　车辆各系统组成认识 …………………………………………………… 68
　任务2　首次维护单、派工单的识读与填写 …………………………………… 75
　任务3　首次维护工作准备 ……………………………………………………… 80
　任务4　发动机舱的首次维护 …………………………………………………… 91
　任务5　车舱内首次维护 ………………………………………………………… 106
　任务6　首次举升检查及维护 …………………………………………………… 121
　任务7　第二次举升检查及记录 ………………………………………………… 143
　任务8　首保作业学习成果展示与评价 ………………………………………… 152

项目四　汽车15 000 km维护 ……………………………………………………… 170
　任务1　15 000 km新增项目维护 ……………………………………………… 170
　任务2　15 000 km维护所有项目训练 ………………………………………… 175

项目五　汽车30 000 km维护 ……………………………………………………… 195
　任务1　30 000 km维护新增项目 ……………………………………………… 195
　任务2　30 000 km维护的所有项目训练 ……………………………………… 203

附录 206
   附录Ⅰ   桑塔纳轿车的维护规范 206
   附录Ⅱ 210
   附录Ⅲ 211
   附录Ⅳ 212
   附录Ⅴ 213

参考文献 215

项目一　汽车维护设备、工具、量具的使用

任务1　常用工具的选择与使用

学习目标

1. 正确描述常用工具的用途；
2. 正确选择和使用常用工具；
3. 正确描述常用工具的使用注意事项。

任务分析

汽车拆装与维护作业中使用的工具种类繁多，规格型号也各不相同，常见的拆装与维护的工具有扳手、旋具、钳子等。正确使用常用工具是顺利完成拆装、维护作业的前提，汽车维修技术人员应该掌握常用工具的选择、使用方法以及注意事项。

相关知识

一、常用工具

1. 扳手

扳手有开口扳手、梅花扳手、活动扳手、套筒扳手、扭矩扳手等。它主要用于拆装螺栓或螺母，大多数螺栓、螺母均为标准件，所以扳手规格几乎全是标准的英制或米制。

1）开口扳手

也称呆扳手或双头扳手，常用的有 6 件套、8 件套，一般都成套购置，使用范围在 6～24 mm 之间，如图 1-1 所示。使用中应按一定顺序摆放，以便工作时能准确地找到所需规格的扳手。

图 1-1　开口扳手

2）梅花扳手

其常用的有 6 件套、8 件套两种，适用范围在 5.5～27 mm 之间，如图 1-2 所示。梅花扳手两端大部分是套筒式端头，从而保证工作的安全可靠。其用途与开口扳手相似，具有更安全可靠的特点。使用时要注意选择合适的规格。

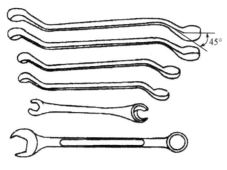

图 1-2　梅花扳手

3）套筒扳手

套筒扳手是一种组合型工具，使用时由几件共同组合成一把扳手，如图 1-3 所示。其适合拆装部件狭小、特别隐蔽的螺栓或螺母。其套筒部分与梅花扳手的端头相似，并制成单件，根据需要，选用不同规格的套筒和各种手柄进行组合。如活动手柄可用于调整所需力臂；快速手柄用于快速拆装螺栓、螺母；同时还能配用扭矩扳手显示拧紧力矩，具有功能多、使用方便、安全可靠的特点。

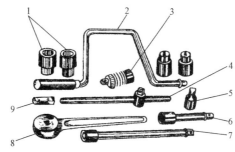

图 1-3　套筒扳手

1—套筒；2—手柄；3—方向接头；4—活动手柄；5—旋具；
6—短接杆；7—长接杆；8—快速手柄；9—接头

4）活动扳手

活动扳手如图 1-4 所示，其开口端根据需要可以在一定范围内进行调节，主要用于拆装不规则的带有棱角的螺栓或螺母。

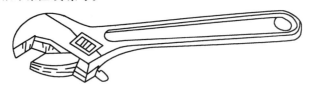

图 1-4　活动扳手

5）扭矩扳手

扭矩扳手可以与套筒扳手中的套筒配合使用，用以拧紧螺栓或螺母达到规定的转矩。一般可分为示值式和预置式，如图 1-5 所示。汽车维护中常用的扭力扳手的规格为 0~300 N·m。

图 1-5 扭矩扳手

(a) 示值式；(b) 预置式

2. 旋具

旋具主要用于旋松或旋紧有槽螺钉。如图 1-6 所示，常用的有一字螺钉旋具、十字螺钉旋具两种。

图 1-6 旋具

① 一字螺钉旋具常以钢杆部分的长度来区分，其常用的规格有 25 mm、50 mm、75 mm、100 mm 等几种，主要用于拆装一字槽的螺钉、木螺钉等。

② 十字螺钉旋具按十字口的直径可分为 2～2.5 mm、3～5 mm、5.5～8 mm、10～12 mm 四种规格，专用于拆装十字槽口的螺钉。

3. 钳子

轿车维修作业中常用的手钳有鲤鱼钳、钢丝钳、尖嘴钳和卡簧钳等。

1）鲤鱼钳

如图 1-7 所示，鲤鱼钳可用来切割金属丝，弯扭小型金属棒料，夹持扁的或圆柱形的小件。

2）钢丝钳

如图 1-8 所示，钢丝钳带有旁刃口，除能夹持工件外，还能折断金属薄板以及切断直径较小的金属线。

图 1-7 鲤鱼钳　　　　　　图 1-8 钢丝钳

3）尖嘴钳

如图 1-9 所示，尖嘴钳能在较狭小的工作空间操作，不带刃口的只能夹捏工件，带刃口的能剪切细小零件，是修理仪表及电器的常用工具。

4）卡簧钳

如图 1-10 所示，卡簧钳是专门用于拆装带拆装孔的弹性挡圈（卡簧）的，按用途分为轴用卡簧钳、孔用卡簧钳。

图 1-9　尖嘴钳　　　　　　　　图 1-10　卡簧钳

4. 锤子

常用的锤子类型如图 1-11 所示，有钢质圆头锤、橡胶或塑料锤及黄铜软面锤等。

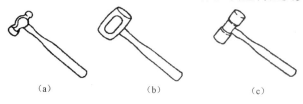

图 1-11　锤子

(a) 圆头锤；(b) 橡胶或塑料锤；(c) 黄铜软面锤

5. 风动扳手

风动扳手如图 1-12 所示，风动扳手使用压缩空气，并用于拆卸和更换螺栓、螺母，它可以提高工作效率。

图 1-12　风动扳手

6. 专用工具

1）火花塞套筒扳手

如图 1-13 所示，火花塞套筒扳手是一种薄壁长套筒，用于拆装火花塞的专用工具。有大、小两种尺寸，要配合火花塞尺寸。扳手内装有一块磁铁或橡胶，以使火花塞不往外掉。

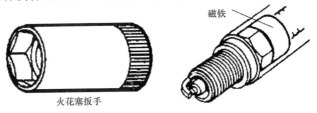

图 1-13　火花塞套筒扳手

2）活塞环卡钳

如图 1-14 所示，活塞环卡钳用于拆装活塞环。

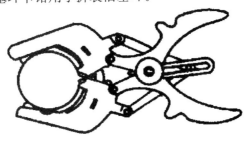

图 1-14　活塞环卡钳

3）拉器

如图 1-15 所示，拉器主要用于拆卸发动机曲轴、凸轮轴上的正时齿轮、正时带轮及其他位置尺寸合适的齿轮、轴承凸缘等圆盘形零件。

4）气门拆装钳

如图 1-16 所示，在拆装气门时用叉形口（或环形口）抵住气门弹簧座，将螺杆顶在气门头部，转动手柄即可压缩气门弹簧。

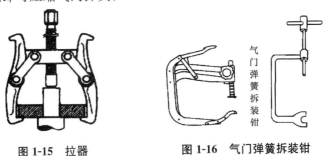

图 1-15　拉器　　　图 1-16　气门弹簧拆装钳

二、常用工具的选择

1. 根据工作的类型选择工具

汽车修理中普遍使用成套套筒扳手。如果由于工作空间限制不能使用成套套筒扳手，可按其顺序选用梅花扳手或开口扳手。选择工具的次序：套筒扳手优先，梅花扳手其次，最后是开口扳手。

2. 根据工作进行的速度选择工具

（1）套筒扳手的用处在于它能旋转螺栓/螺母而不需要重新调整，这就可以迅速转动螺栓/螺母。

（2）套筒扳手可以根据所安装的手柄以各种方式工作。

注意：

①棘轮手柄适合在狭窄空间中使用。但由于棘轮的结构，它不可能获得很高的扭矩。

②滑动手柄要求极大的工作空间，但它能提供较快的工作速度。

③旋转手柄在调整好手柄后可以迅速工作。但此手柄很长，很难在狭窄空间使用。

3. 根据旋转扭矩的大小选用工具

如果最后拧紧或开始拧松螺栓/螺母需要大扭矩，那么使用允许施加大力的扳手。

注意：

①可以施加的力的大小取决于扳手柄的长度。手柄越长，用较小的力得到的扭矩越大。

②如果使用了超长手柄，就有扭矩过大的危险，螺栓有可能折断。

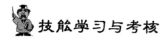 技能学习与考核

一、技能学习

1. 扳手的使用方法与注意事项

1）开口扳手的使用方法与注意事项

（1）一定要选择与所拆装螺栓相同规格的扳手，以免因扳手尺寸过大而损坏螺栓（螺母）的棱角，如图 1-17（a）所示。

（2）当使用推力拆装时，应用手掌力来推动，不能采用握推的方式，以免碰伤手指，如图 1-17（b）所示。不能采用两个扳手对接或用套筒等套接的方式来加长扳手，以免损坏扳手或发生事故，如图 1-17（c）所示。

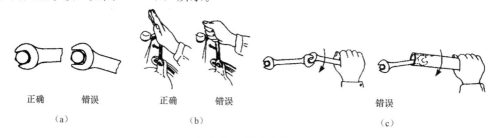

图 1-17 扳手的使用

2）梅花扳手的使用方法与注意事项

梅花扳手可用在补充拧紧和类似操作中，因其可以对螺栓/螺母施加大扭矩。

（1）因为扳手钳口是双六角形的，可以容易地装配螺栓/螺母。这可以在一个有限空间内重新安装，如图 1-18 中 1 所示。

（2）由于螺栓/螺母的六角形表面被包住，因此没有损坏螺栓角的危险，并可施加大扭

矩,如图 1-18 中 2 所示。

(3) 由于扳手是有角度的,因此可用于在凹进空间里或在平面上旋转螺栓/螺母,如图 1-18 中 3 所示。

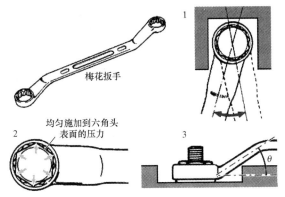

图 1-18　梅花扳手的使用

3) 套筒扳手使用方法与注意事项

(1) 套筒(成套套筒扳手)。这种工具利用一套套筒扳手夹持住螺栓/螺母,将其拆下或更换。

①套筒尺寸。套筒尺寸有大和小两种尺寸。大的一种可以获得比小的一种更大的扭矩。如图 1-19 中 1 所示。

②套筒深度。有两种类型:标准的和深的,后者比标准的深 2~3 倍。较深的套筒可用于螺栓突出的螺帽,而不适于用标准型套筒。如图 1-19 中 2 所示。

③钳口。有两种类型—双六角形和六角形的。六角部分与螺栓/螺母的表面有很大的接触面,这样就不容易损坏螺栓/螺母的表面。如图 1-19 中 3 所示。

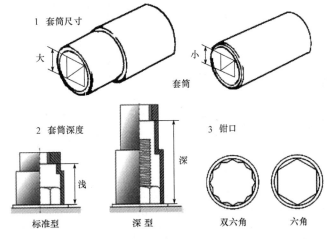

图 1-19　套筒的类型

(2) 套筒接合器(成套套筒扳手)。如图 1-20 所示,它是用作一个改变套筒方形套头尺寸的连接器。

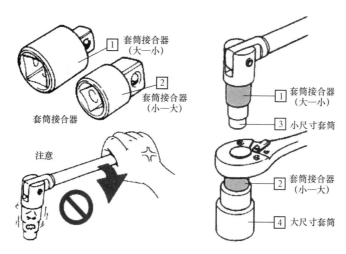

图 1-20　套筒接合器

注意： 超大力矩会将负载施加在套筒本身或小螺栓上。力矩要根据规定的拧紧极限施加。

（3）万向节（成套套筒扳手）。如图 1-21 所示，套筒的方形套头部分可以前后或左右移动，手柄和套筒扳手之间的角度可以自由变化，使其成为能在有限空间内工作的工具。

注意：

①不要使手柄倾斜较大角度来施加扭矩。

②不能用于风动工具。球节由于不能吸收旋转摆动而脱开，并造成工具、零件或车辆损坏。

（4）加长杆（成套套筒扳手）。如图 1-22 所示。

图 1-21　万向节

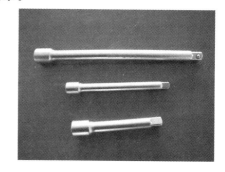

图 1-22　加长杆

①可拆下和更换装得太深、不易接触的螺栓/螺母。

②加长杆也用于将工具抬离平面一定高度，便于使用。

（5）旋转手柄（全套套筒扳手）。通过滑动套筒的套头部分，手柄可以有两种用法，如图 1-23 所示。

①L 形：改进扭矩。

②T 形：增加速度。

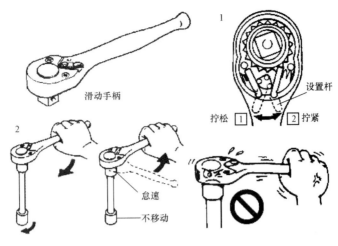

图 1-23 旋转手柄的使用

(6) 滑动手柄（成套套筒扳手），如图 1-24 所示。

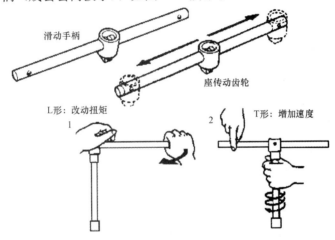

图 1-24 滑动手柄的使用

①可以拧紧或松开螺栓/螺母。
②不需要使用只能单方向转动的套筒扳手。
③套筒扳手可以以小的回转角锁住，也可以在有限的空间中工作。

注意：不要施加过大扭矩，这可能会损坏棘爪的结构。

4）活动扳手的使用方法与注意事项

(1) 使用时必须将活动钳口的开口尺寸调整合适。
(2) 应使扳手活动钳口承受推力，固定钳口承受拉力。

注意：如图 1-25 所示，使用活动扳手时用力要均匀，以免损坏扳手或使螺栓、螺母的棱角变形，造成打滑而发生事故。

5）扭矩扳手的使用方法与注意事项

以预置式扭力扳手为例，介绍扭力扳手的使用及使用注意事项。

(1) 根据工件所需扭矩值要求，确定预设扭矩值。

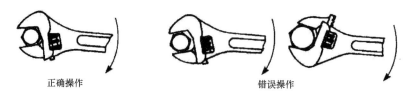

正确操作　　　　　　　　错误操作

图 1-25　活动扳手的使用

（2）预设扭矩值时，将扳手手柄上的锁定环下拉，同时转动手节标尺主刻度线和微分度线数值至所需扭矩值。调节好后，松环，手柄自动锁定。

（3）使用时，要左手托住或扶着工具的转动顶端，右手拉扭力扳手的手柄，两手要同时作用才能平衡扭力扳手的作用力，否则扭力扳手易脱出零部件，伤害到人。

（4）在扳手方榫上装上相应规格套筒，并套住紧固件，再缓慢均匀地用力操作。施加外力时必须按标明的箭头方向，当拧紧到发出"咔嗒"声时，说明已达到预设扭矩值，应停止加力。

（5）除紧固螺母、螺栓外，不要用于其他用途。

（6）要保持手柄清洁，不要沾上油污等脏物，否则紧固时容易造成打滑，引起事故。

（7）使用完后应将扭矩扳手平稳放置，避免因重物撞、压，造成扳手杆或扳手指针变形而影响扳手的精度，甚至损坏扳手。

（8）一定要进行定期检查，建议每周一次。

（9）当长时间不使用扭力扳手时，应调至最小扭矩，擦上防锈油，放在干燥的地方保存，如果保存不当，将导致精确度迅速降低，同时缩短使用寿命。

2. 旋具的使用方法与注意事项

（1）正确的握持方法是：以右手握持旋具，手心抵住旋具柄端，让旋具口端与螺栓（钉）槽口处于垂直吻合状态；当开始拧松或旋紧时，应用力将旋具压紧后再用手腕力按需要的力矩扭转旋具；当螺栓（钉）松动后，即可使手心轻压住旋具柄，用拇指、中指和食指快速扭转；使用较长的螺钉旋具时，可用右手压紧和转动旋具柄，左手握在旋具柄中部，防止旋具滑脱，以保证安全工作。使用完毕，应将旋具擦拭干净。

（2）旋具有木柄和塑料柄之分，塑料柄具有一定的绝缘性，适宜电工使用。

（3）使用前应先擦净旋具柄和口端的油污，以免工作时滑脱而发生意外。

（4）选用的旋具口端应与螺栓（钉）上的槽口相吻合，如图 1-26 所示，刀口端太薄易折断，太厚不能完全嵌入槽口内，易使旋具口和螺栓（钉）槽口损坏。

正确使用　　　　　　错误使用

图 1-26　旋具的使用

(5) 使用时，不允许将工件拿在手上用旋具拆装螺栓（钉），以免旋具从槽口中滑出伤手。

(6) 使用时，不可用旋具当撬棒使用，如图 1-27 所示，除夹柄螺钉旋具外，不允许用锤子敲击旋具柄。

(7) 不允许通过扳手或钳子扳转旋具口端来增大扭力，以免使旋具发生弯曲或扭曲变形。

3. 钳子的使用方法与注意事项

(1) 使用时，用手握住钳柄后端，使钳口开闭、夹紧，如图 1-28 所示。

(2) 钳子的规格应与工件规格相适应，以免钳子小工件大造成钳子受力过大而损坏钳子。

(3) 使用完应保持清洁，及时擦净。

(4) 严禁用钳子代替扳手拧紧或拧松螺栓、螺母等带棱角的工件，以免损坏螺栓、螺母等工件的棱角，也不允许用钳子切割过硬的金属丝，以免造成刃口损坏或钳体损坏。

图 1-27 旋具的使用

图 1-28 钳子的使用

(5) 使用时，不允许用钳柄代替撬棒撬物体，以免造成钳柄弯曲、折断或损坏，也不可以用钳子代替锤子敲击零件。

4. 锤子的使用方法与注意事项

(1) 使用前，必须检查锤柄是否安装牢固，如松动应重新安装，以防在使用时由于锤头脱出而发生伤人或损物事故。

(2) 使用前，应清洁锤头工作面的油污，以免锤击时发生滑脱而敲偏，造成工件损坏或发生意外。

(3) 使用时，应将手上和锤柄上的汗水和油污擦干净，以免锤子从手中滑脱而发生伤人或损物事故。

(4) 使用时，手要握住锤柄后端，如图 1-29 所示，握柄时手的握持力要松紧适度，这样才能保证锤击时灵活自如。锤击时要靠手腕的运动，眼睛应注视工件，锤头工作面和工件锤击面应平行，才能使锤面平整地打在工件上，不能有如图 1-29 所示的错误使用方法。

图 1-29 锤子的使用

（5）在锤击铸铁等脆性工件或截面较薄的零件或悬空未垫实的工件时，不能用力太猛，以免损坏工件。

（6）使用完毕，应将锤子擦拭干净。

5. 风动扳手的使用方法与注意事项

（1）如图 1-30 所示，扭矩可调到 4～6 级。

图 1-30　风动扳手扭矩的调节

（2）如图 1-31 所示，旋转方向可以改变。

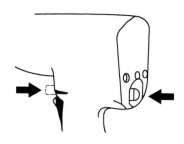

图 1-31　风动扳手旋向的调节

（3）风动扳手可以与专用的套筒结合使用，专用的套筒扳手经过专门加工，其特点是能防止零件从传动装置上飞出，切勿使用专用套筒扳手以外的其他套筒扳手。

（4）风动扳手要在正确的气压下使用（正确值：686 kPa）。

（5）要定期检查风动扳手并对风动扳手进行维护。

（6）在操作过程中，一般先用手将螺母对准螺栓旋进一些。如果一开始就打开风动扳手，则螺纹会被损坏。注意不要拧得过紧，使用较小的力拧紧。

（7）在操作时必须两只手握住工具。因为按按钮时将释放大的扭矩，可能引起振动。

（8）使用扭矩扳手应紧固扭矩。

二、考核

（1）由教师安排拆装项目，学生合理地选用常用工具进行拆装。在充分掌握上述知识与技能的前提下，完成表 1-1。

（2）教师根据学生实训的情况完成表 1-2。

表 1-1　技能学习工作单

实训项目：　常用工具的选择与使用

班级学号		姓　名	

1. 请描述开口扳手、梅花扳手、套筒扳手的选用顺序。

_____

_____。

2. 指出下图中工具使用错误的原因：

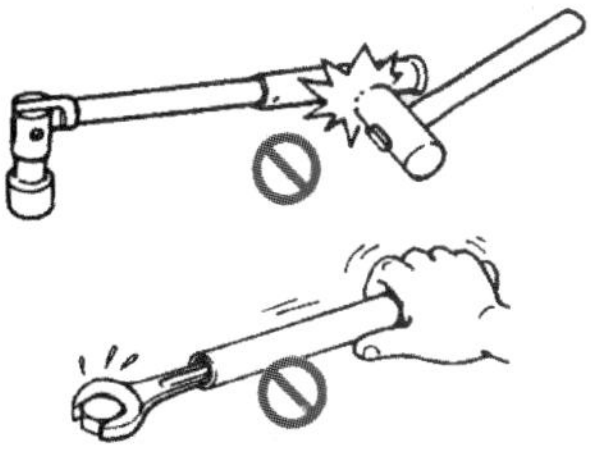

(a) 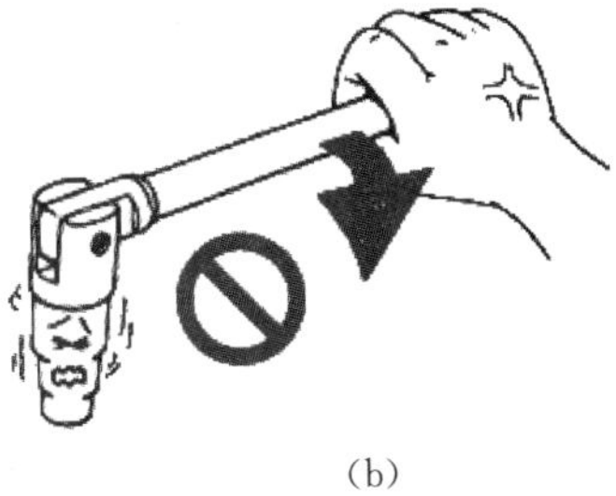　　　　　　　　　　(b)

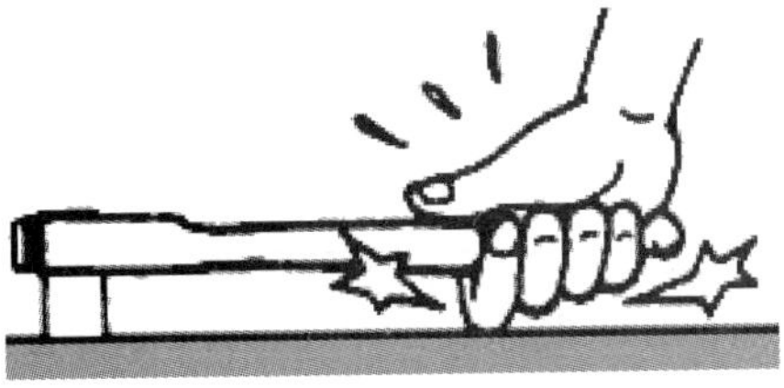

(c) 　　　　　　　　　　(d)

(e) 　　　　　　　　　　(f)

(g) 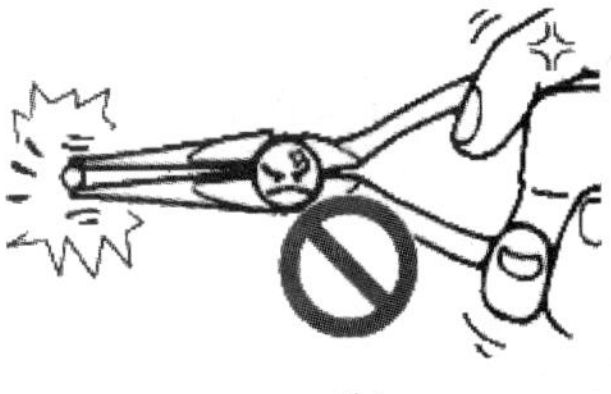　　　　　　　　　　(h)

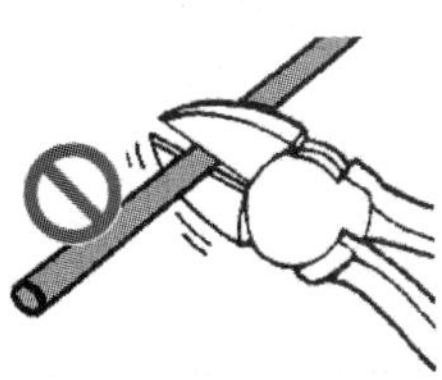

(i) 　　　　　　　　　　(j)

续表

_____
_____
_____
_____。

3. 本次实训存在的疑问有哪些？最大的难点是什么？
_____。
4. 自我评价（个人技能掌握程度）：□非常熟练　□比较熟练　□一般熟练　□不熟练

教师评语：（包括工作单填写情况、语言表达、态度及沟通技巧等方面，并按等级制给出成绩）

实训记录成绩_____　　教师签字：_____　____年____月____日

表1-2　教师考核记录表

实训项目：__常用工具的选择与使用__

班级学号		姓　名		
项目	必要的记录		分值	评分
扳手的选用			20	
旋具的选用			20	
钳子的选用			20	
风动扳手的选用			20	
工作单填写情况			20（工作单成绩折算）	
总分				
			教师签字：____年____月____日	

任务2　常用量具的选择与使用

学习目标

1. 描述游标卡尺的用途、种类及结构；
2. 描述千分尺的用途、种类及结构；
3. 描述百分表的用途、种类及结构；
4. 熟练使用游标卡尺、千分尺、百分表；
5. 熟练读取游标卡尺、千分尺、百分表的数值。

任务分析

在汽车拆装与维护作业中，正确地使用量具是确保测量精度，符合技术标准，提高拆装与维护质量的重要保证。因此，维修技术人员必须熟悉常用量具的使用和维护方法，量具的种类很多，汽车拆装与维护中常用的量具有游标卡尺、千分尺、百分表等。

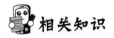相关知识

一、游标卡尺

1. 用途

游标卡尺是一种能直接测量工件内外直径、宽度、长度、深度的量具。

2. 种类

按照测量功能可以将游标卡尺分为普通游标卡尺、深度游标卡尺、带表卡尺等；按照测量精度可以分为 0.1 mm、0.02 mm、0.05 mm 三种精度。

3. 结构

游标卡尺由尺身、游标、外测量爪、刀口内测量爪、深度尺、紧固螺钉等组成，如图 1-32 所示。

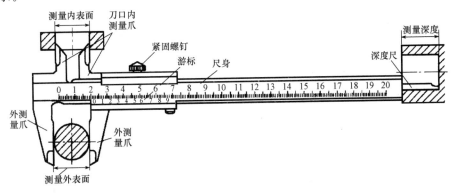

图 1-32 游标卡尺

二、千分尺

1. 用途

千分尺俗称螺旋测微器，是比游标卡尺更为精确的一种精密量具，其测量精度可达 0.01 mm。

2. 种类

按用途不同可分为外径千分尺、内径千分尺、内测千分尺、深度千分尺、螺纹千分尺等；按测量范围可分为 0～25 mm、25～50 mm、50～75 mm、75～100 mm、100～125 mm 等多种不同规格。

3. 外径千分尺的结构

如图 1-33 所示，外径千分尺由测砧、测微螺杆、螺纹轴套、固定套管、微分筒、调节螺母、测力装置、锁紧装置等组成。

图 1-33 外径千分尺的结构

1—尺架；2—测砧；3—测微螺杆；4—螺纹轴套；5—固定套管；
6—微分筒；7—调节螺母；8—测力装置；9—锁紧装置；10—隔热装置

三、百分表

1. 用途

百分表主要用来测量机器零件的各种几何形状偏差和表面相互位置偏差（如平面度、垂直度、圆度和跳动量），也可测量工件的长度尺寸，也常用于工件的精密找正。

2. 种类

按测量范围可分为 0～3 mm、0～5 mm、0～10 mm 等。

3. 结构

如图 1-34 所示，百分表由表体部分、传动部分和读数装置等组成。

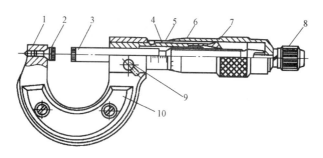

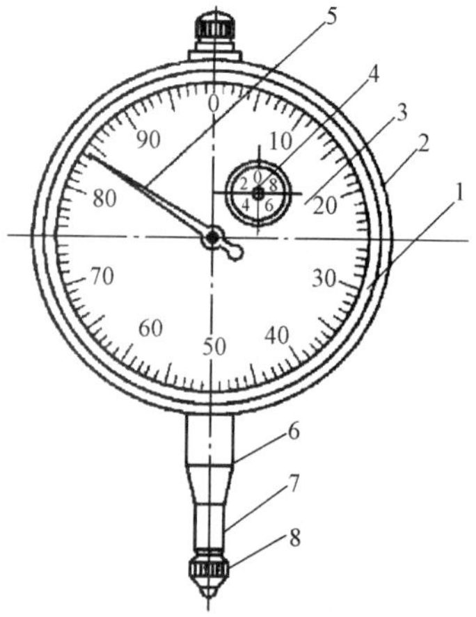

图 1-34 百分表

1—表体；2—表圈；3—表盘；4—小指针；
5—主指针；6—装夹套；7—测杆；8—测头

四、内径百分表

1. 用途

内径百分表又称为量缸表，是一种用于测量孔径的专用量具，在汽车维修中，主要用于测量发动机汽缸和轴承座孔的圆度误差、圆柱度误差或零件磨损情况。其测量精度为 0.01 mm。

2. 种类

内径百分表的规格是按测量直径的范围来划分的，如 18～35 mm、35～50 mm、50～160 mm 等，汽车维修作业中常用内径百分表的规格为 50～160 mm。

3. 结构

如图 1-35 所示，内径百分表由百分表、表杆、接杆、表杆座、活动测杆（量头）和支撑架等组成。为了测量不同内径，配有一套长度不等的接杆供测量时选择。

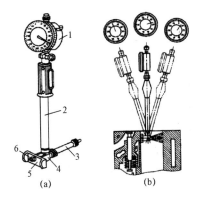

图 1-35 内径百分表及其应用
(a) 内径百分表；(b) 内径百分表测量实例
1—百分表头；2—表杆；3—接杆；4—表杆座；5—支撑座；6—活动测杆

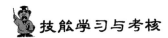

一、技能学习

1. 游标卡尺

1）使用方法

（1）使用前，先将工件被测表面和卡脚接触表面擦干净。

（2）测量工件外径时，将活动量爪向外移动，使两个量爪间距大于工件外径，然后再慢慢地移动游标，使两个量爪与工件接触，切忌硬卡硬拉，以免影响游标卡尺的精度和读数的准确性。

（3）测量工件内径时，将活动量爪向内移动，使两个量爪间距小于工件内径，然后再慢慢地向外移动游标，使两个量爪与工件接触。

（4）测量时，应使游标卡尺与工件垂直，固定锁紧螺钉。测外径时，记下最小尺寸，测内径时，记下最大尺寸。

（5）用深度游标卡尺测量工件深度时，将固定量爪与工件被测表面平整接触，然后缓慢地移动游标，使量爪与工件接触。移动力不宜过大，以免硬压游标而影响测量精度和读数的准确性。

（6）使用完毕后，应将游标卡尺擦拭干净，并涂一层薄的工业凡士林，然后放入盒内存放，切忌折、压。

2）读数方法

因 0.02 mm 精度的游标卡尺最常用，下面以此精度等级的游标卡尺为例介绍读数方法。

读数步骤可以分为三步：

（1）读整数：先读出尺身上位于游标"0"线左边的整毫米数值，尺身上每格为 1 mm。

（2）读小数：

①找对齐：找出游标与尺身上某刻线对得最齐的那条刻线。

②数格数：数出该刻线位于游标上第几格。
③再相乘：用该格数乘上卡尺精度，得数即为小数部分的读数。
（3）求和：将上整读数与小数读数相加，即为被测尺寸。

例如，读出如图1-36所示游标卡读数。
图1-36所示的游标卡尺的读数步骤：
（1）读整数：整刻度数为0 mm。
（2）读小数部分：
①找对齐：第14条线与尺身上刻度对齐。
②数格数：为14格。
③再相乘：14×0.02=0.28（mm）。
（3）求和：图示读数为0+0.28=0.28（mm）。

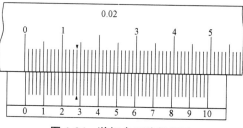

图1-36　游标卡尺读数示例

2. 千分尺

1）使用方法

（1）误差检查。把千分尺砧端表面擦拭干净，旋转棘轮盘，使两个砧端先靠拢，直到棘轮发出2~3"咔咔"声，这时检视指示值。微分筒应与固定套筒的"0"线对齐，同时微分筒的"0"线与固定套筒的基线对齐。若两者中的有一个"0"线不能对齐，则说明该千分尺有误差，应检调后再测量。

（2）将工件被测表面擦拭干净，并置于千分尺两个砧端之间，使千分尺螺杆轴线与工件中心线垂直或平行，若歪斜着测量，则直接影响到测量的准确性。

（3）旋转旋钮，使砧端与工件测量表面接近，这时改用旋转棘轮盘，直到棘轮发出"咔咔"声为止，这时的指示数值就是所测量到的工件尺寸。

（4）测量完毕，必须倒转微分筒后才能取下千分尺。

（5）使用完毕，应将千分尺擦拭干净，保持清洁，并涂抹一层薄的工业凡士林，然后放入盒内保存。禁止重压、弯曲千分尺，且两个砧端不得接触，以免影响千分尺精度。

2）读数方法

（1）读整数：读出固定套筒上露出刻线的整毫米数和半毫米数。注意固定套筒上下两排刻线的间距为每格0.5 mm。

（2）读小数：
①找对齐：找出微分筒上与固定套管基准线对准的那条刻线。
②数格数：数出该刻线位于微分筒上格数。
③再相乘：用格数乘上分度值0.01 mm，得数即为小数部分的读数。
（3）求和：将整数读数与小数读数相加，即为被测尺寸。

例如，读出图1-37所示千分尺读数。

图1-37（a）所示千分尺的读数为步骤：
（1）读整数：固定套筒上露出整刻度数为5.5 mm。
（2）读小数：
①找对齐：微分套筒上"46"刻线与固定套管基准线对准。
②数格数：对齐的刻线位于微分套筒上第46格。
③再相乘：46×0.01=0.46（mm）。

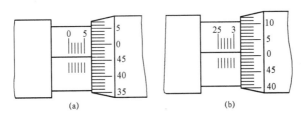

图 1-37 千分尺计数示例

(a) 测量范围为 0~25 mm 的千分尺；(b) 测量范围为 25~50 mm 的千分尺

(3) 求和：5.5+0.46=5.96。

图示读数为 5.96 mm。

图 1-37（b）所示千分尺的读数为：

整刻度数为 30.5 mm，小数部分为 0.01 mm。

图示读数为 30.5+0.01=30.51（mm）。

3. 百分表

1) 使用方法

(1) 先将百分表固定在表架（支架）上，以测杆端测头抵住被测工件表面，并使测头产生一定位移，即指针存在一个预偏转值。

(2) 移动被测工件，同时观察百分表表盘上指针的偏转量，该偏转量即被测物体的偏差尺寸或间隙值。

(3) 百分表使用完毕，应解除所有的负荷，用干净抹布将表面擦拭干净，并在容易生锈的金属表面涂抹一层薄的工业凡士林，水平放置在盒内，严禁重压。

2) 读数方法

百分表的表盘刻度一般分为 100 格，当测头每移动 0.01 mm 时，大指针就偏转 1 格（表示 0.01 mm）；当大指针转 1 圈时，小指针偏转 1 格（表示 1 mm），指针的偏转量就是被测零件的实际偏差或间隙值。

4. 内径百分表

1) 使用方法

(1) 一只手拿住绝热套，另一只手尽量托住表杆下部，轻轻摆动表杆，使内径百分表测杆与汽缸轴线垂直（可通过观察百分表头的指针摆动情况来判断，当指针指示到最小数值时，即表示测杆已垂直于汽缸轴线）。

(2) 确定工件尺寸

①如果百分表头的大指针正好指在"0"处，说明被测工件的孔径（缸径）与其校表尺寸相等，若以标准尺寸进行校表，则表示工件尺寸与标准尺寸相同。

②如果百分表头的大指针顺时针方向转离"0"位，则表示工件尺寸小于标准尺寸；反之则表示大于标准尺寸。

③通过对不同测量点的测量结果计算出圆度误差、圆柱度误差或工件的磨损情况。

2) 读数方法

内径百分表读数方法与百分表相同，读出百分表头的指示数值即可。

二、考核

（1）由教师安排测量项目，学生合理地选用常用量具。在充分掌握上述知识与技能的前提下，完成表1-3。

（2）教师根据学生实训的情况完成表1-4。

表 1-3　技能学习工作单

实训项目：__常用量具使用__

班级学号		姓　　名	
1. 请描述游标卡尺、千分尺、百分表的使用注意事项。_____。 2. 读取下图中游标卡尺的数值： _____。 3. 读取下图中千分尺的数值： _____。 4. 本次实训存在的疑问有哪些？最大的难点是什么？ _____。 5. 自我评价（个人技能掌握程度）：□非常熟练　　□比较熟练　　□一般熟练　　□不熟练			
教师评语：（包括工作单填写情况、语言表达、态度及沟通技巧等方面，并按等级制给出成绩） 　　　　　实训记录成绩_____　　　教师签字：_____　　____年____月____日			

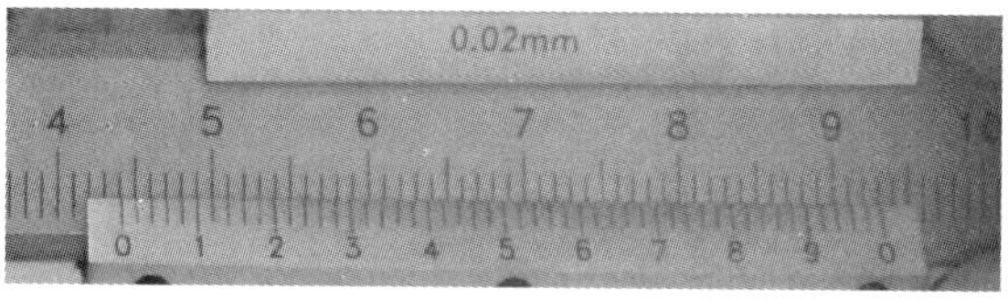

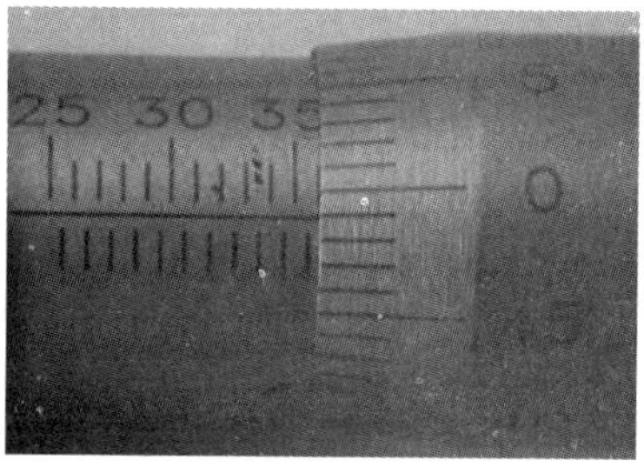

表 1-4 教师考核记录表

实训项目：__常用量具使用__

班级学号		姓 名		
项目	必要的记录		分值	评分
游标卡尺的使用			10	
游标卡尺的读数			15	
千分尺的使用			10	
千分尺的读数			15	
百分表的使用			10	
百分表的读数			10	
工作单填写情况			30（工作单成绩折算）	
总分				
			教师签字：_____年____月____日	

任务3　常用举升设备的使用

学习目标

1. 描述举升机的种类；
2. 描述举升机的结构及工作原理；
3. 熟练操作举升机。

任务分析

汽车举升机是指汽车维修行业用于汽车举升的汽保设备，举升机在汽车拆装与维护中发挥着至关重要的作用。本任务主要介绍举升机的使用及使用时的注意事项。

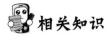相关知识

一、举升机概述

汽车举升机是汽车维修厂常用设备之一，它将维修的汽车进行举升，使其离开地面一定高度，以便于维修人员进入汽车底部作业，或进行轮胎拆卸、四轮定位等工作。举升机在汽车在汽车维修养护中发挥着至关重要的作用，无论整车大修，还是小修维护都离不开它，所以能否正确操作直接影响维修人员的人身安全。

二、举升机种类

按照举升机的举升装置的形式分类有丝杠螺母举升式、链条传动举升式、液压缸举升式、齿轮齿条式。

按照举升机的功能和形状来分,一般可分为两柱、四柱、剪式三大类。

按照举升机的驱动类型来分,主要分为气动、液压、机械式三大类。液压式是现在使用最多的,气动和机械使用得较少。

三、举升机的结构及工作原理

下面以 SYJ-320 型双柱举升机为例,介绍举升机的结构及工作原理。

1. SYJ-320 型双柱举升机的结构

如图 1-38 所示,SYJ-320 型双柱举升机以主、副立柱为主体,液压系统驱动两个油缸,油缸中的活塞、活塞杆、提升轮连接成一体,提升链条连接滑车和提升轮。4 个提升臂铰接于滑车,可在 90°范围内回转,以回转和滑动抽拉臂来调整不同车型的支撑部位。提升臂上设有锁止机构,防止其在工作时回转。两个滑车由同步提升钢索保持同步升降。两个滑车内设有机械保险装置。在提升时由于机械保险键能自动进入和脱开保险点,同时发出撞击声,以此作为判断机械保险装置工作正常与否和两滑车是否同步的依据。

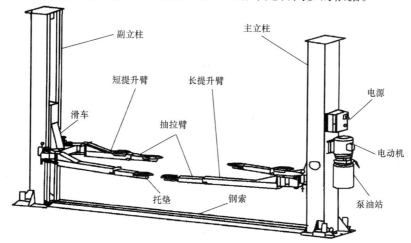

图 1-38 SYJ-320 举升机的结构

2. SYJ-320 型双柱举升机的工作原理

车辆举升时,按压电机开关,电机转动带动液压泵工作,建立一定的油压并输送到两个油缸,油压推动与活塞杆制成一体的提升轮上行,提升轮通过链条带动滑车上行,滑车带动提升臂上行,车辆被举升。

车辆达到目标高度后,需要停止举升时,松开电动机开关,压下手动卸荷阀,释放两个油缸内的油压,待车辆下降少许停稳后,才能进入车下工作,此时,滑车内的机械保险键已进入保险点,即可靠锁止。

车辆下降时，按压电动机开关，先将车辆上升少许，使机械保险键离开保险点，然后用力下拉机械保险的拉线，解除保险。然后压下手动卸荷阀，释放油缸中的油压，车辆慢慢下降。

四、其他类型举升机的使用

1. 四柱举升机

四柱举升机的结构如图1-39所示。

1) 使用方法

使用前准备工作：

①按照说明书对有关部位进行日常检查。

②检查液压油油箱的油位是否正常。

③举升机空载作业。

a. 接通电源，按压电动机上升按钮，工作平台应能正常上升。松开按钮，工作平台应能可靠停止。

图1-39 四柱举升机

b. 上升到一定高度后停止，将工作平台挂钩挂上，此时四个挂钩必须能可靠地挂在立柱内的挂板上。

c. 转动换向阀供气时，四个挂钩应能完全脱离挂板。

d. 按下降按钮，工作平台应以正常速度下降，松开下降按钮，工作平台应能可靠停驻。

注意：在上述过程中，举升机应无异常噪声及其他不正常现象。

④举升机负载作业。

a. 将汽车驶到工作平台上，拉紧驻车制动器，驾驶员离开工作平台。

b. 将防滑支座可靠地垫在汽车轮胎的前后方。

c. 在不供气状态下，按上升按钮，将工作平台升至所需的高度。

d. 点动下降按钮，使四个挂钩均可靠地支承在挂板上，此时方可进入工作区进行维修或调整作业。

e. 修理或调整工作完毕后，点动上升按钮，将换向阀转至供气位置，使四个挂钩脱离挂板，按下降按钮，工作平台下降。

f. 工作平台降至下极限位置，挪开防滑支座，将汽车驶离工作平台。

g. 清洁工位。

2) 使用注意事项

(1) 平时应设专人操作、维护、维修举升机设备，禁止未阅读过说明书及无操作资格的人员擅自操作举升机。

(2) 汽车停放的位置应使其重心接近工作平台的重心。

(3) 在工作平台升降过程中，任何人员不得滞留于工作平台上或工作平台下面。

(4) 禁止举升机在有故障的情况下运行。

(5) 只有在确定四个安全挂钩挂上后，操作人员才可进入工作区。

2. 剪式举升机

剪式举升机的结构如图 1-40 所示。

图 1-40 剪式举升机

1）使用方法及注意事项

(1) 操作前，应先排除举升机周围和下方的障碍物。

(2) 升降时，举升机规定区域以及平台上的车辆内不能有人。

(3) 不能举升超过举升机举升能力范围的车辆。

(4) 举升时，应在车辆底盘下方垫上胶垫。

(5) 升降过程中随时观察举升机平台是否同步，发现异常，及时停止，检查并排除故障后方能投入使用。

(6) 下降操作时，先将举升平台上升一点，注意观察两个保险爪与保险齿间是否完全脱开，否则停止下降。

(7) 举升机长期不用或过夜时，平台应降到最低位置，并开走车辆，切断电源。

2）维护

(1) 应由经培训的操作人员作业。

(2) 举升机所有支绞轴处，每周用机油壶加机油一次。

(3) 保险齿条及上下滑块等移动部位，每月加一次润滑脂。

(4) 每年更换一次液压油，油位应长期保持上限。

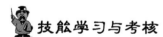 技能学习与考核

一、技能学习

1. 整车举升前的准备工作

(1) 排除举升平台周围和提升臂下面的障碍物。

(2) 清洁举升机和工位地面卫生。

(3) 检查举升机立柱的地脚螺栓是否有松动或丢失的现象。

(4) 如图 1-41 所示，用手握住操纵手柄，竖直向上拉起，待调整齿和锁止齿分离且锁止齿的下端面高于挡块时，转动手柄 90°，使锁止齿卡在挡块上。

(5) 检查 4 个抽拉臂的托垫橡胶是否老化、断裂；连接托垫与座的固定螺栓是否松动；

座轴与承孔是否有较大的旷量。

（6）检查油缸和高压油管接头处是否有油迹等漏油现象。

图1-41　将锁止齿卡在挡块上

2．举升机操作步骤

（1）将汽车驶到举升机上，要注意车头方向，保持车头和举升机的短提升臂方向一致。并且车辆停驻在主、副立柱和提升钢索、高压油管保护罩的中间位置，即将车辆停驻于举升平台的中央位置。

（2）拉紧驻车制动器或变速器置于空挡，自动变速器车辆置于P挡位。

（3）找到车辆底板上的支撑点，如图1-42所示。调整提升臂的角度和抽拉臂的长度，将托垫对正支撑点，必要时使用重量延伸器。

注意：车辆的支撑点通常位于底板两侧、前后车轮之间，每侧两个。常见的支撑点有两种形式：圆盘突起式和卷边加强式。

图1-42　车辆底板上的支撑点

（4）在举升机与汽车定位检查稳妥后，按压电动机开关（如图1-43所示），将汽车顶离地面。在汽车离地面约5 cm时，摇晃车辆，如图1-44所示，查看是否有窜动迹象。如汽车在举升机上定位不牢固或有不正常声音，应把汽车降落，重新调整。

图1-43　按压电动机开关

图 1-44　检查车辆是否有窜动

（5）操纵举升机举升汽车至所需高度。在汽车举升到预期高度后，压下手动卸荷阀，如图 1-45 所示，车辆下降少许后处于锁止状态。只有确认举升机处于锁止状态后，才可进到汽车下工作。

图 1-45　压下手动卸荷阀

（6）完成工作后，按下电动机开关，使车辆上升少许，松开电动机开关。

（7）如图 1-46 所示，用力拉下机械保险的拉线，解除滑车的锁止。

图 1-46　用力拉下机械保险的拉线

（8）压下手动卸荷阀手柄，将车辆慢慢下降。

（9）待车辆平稳降到地面且托垫与支撑点分离后，推回抽拉臂，将短提升臂回转至立柱内侧并锁止，将长提升臂回转至立柱外侧并锁止，然后把车辆驶出举升作业区。

（10）操作完毕，关闭电动机电源，清洁举升机和工位地面卫生。

二、考核

(1) 要求学生独立操作举升机。在充分掌握上述知识与技能的前提下,完成表1-5。
(2) 教师根据完成的情况完成表1-6。

表 1-5 技能学习工作单

实训项目: 常用举升设备的使用

班级学号		姓　名	
1. 整车举升前的准备工作: (1) 举升平台周围和提升臂下面的障碍物是否清除:是□　否□ (2) 举升机和工位地面卫生是否清洁:是□　否□ (3) 举升机立柱的地脚螺栓是否有松动或丢失的现象:是□　否□ (4) 锁止齿是否卡在挡块上:是□　否□ 2. 举升机操作步骤: (1) 汽车停放的位置是否合适:是□　否□ (2) 汽车停入是否可靠:是□　否□ (3) 支撑点是否正确、合适:是□　否□ (4) 摇晃车辆,查看是否有窜动迹象:是□　否□ (5) 汽车举升到合适位置后是否可靠停驻:是□　否□ (6) 汽车准备下降时,是否解除保险:是□　否□ (7) 操作完毕,是否清洁卫生并关闭电源:是□　否□ 3. 本次实训存在的疑问有哪些?最大的难点是什么? _____ _____ _____。 4. 自我评价(个人技能掌握程度):□非常熟练　□比较熟练　□一般熟练　□不熟练			
教师评语:(包括工作单填写情况、语言表达、态度及沟通技巧等方面,并按等级制给出成绩) 实训记录成绩_____　　教师签字:_____　　____年____月____日			

表 1-6 教师考核记录表

实训项目: 举升机的使用

班级学号		姓　名		
项目	必要的记录		分值	评分
安全意识			10	
举升前准备工作			20	
举升机的使用过程			30	
作业后的整理			10	
工作单填写情况			30(工作单成绩折算)	
总分				
			教师签字: ____年____月____日			

思考与练习

一、思考题

1. 简述开口扳手的使用方法。
2. 简述尖嘴钳的使用方法。
3. 简述扭力扳手的使用方法及注意事项。
4. 简述常用工具的选用原则。
5. 游标卡尺如何使用及怎样读数?
6. 千分尺如何使用及怎样读数?
7. 百分表如何使用及怎样读数?
8. 简述举升机的分类。
9. 简述双柱举升机的操作步骤。
10. 简述四柱举升机的操作步骤。
11. 简述剪式举升机的操作步骤。

二、单项选择题

1. 扳手的选用原则,按照先后顺序应为(　　)。
    A. 开口扳手、套筒扳手、梅花扳手
    B. 套筒扳手、梅花扳手、开口扳手
    C. 开口扳手、梅花扳手、套筒扳手
    D. 梅花扳手、套筒扳手、开口扳手

2. 除(　　)外,其他扳手都不能装加力杆。
    A. 开口扳手　　　　　　　　　　B. 梅花扳手
    C. 套筒扳手　　　　　　　　　　D. 活动扳手

3. (　　)使用灵活安全,可以任意组合。
    A 套筒扳手　　　　　　　　　　B. 开口扳手
    C. 梅花扳手　　　　　　　　　　D. 活动扳手

4. (　　)可读出所施扭矩大小。
    A. 开口扳手　　　　　　　　　　B. 扭力扳手
    C. 套筒扳手　　　　　　　　　　D. 活动扳手

5. 拆装火花塞应用(　　)。
    A. 火花塞套筒　　　　　　　　　B. 套筒
    C. 开口扳手　　　　　　　　　　D. 梅花扳手

6. 0.02游标卡尺,游标上的50格与尺身上的(　　)mm对齐。
    A. 51　　　　B. 49　　　　C. 50　　　　D. 41

7. 通过更换可换接头,可改变内径百分表的(　　)。
    A. 精度　　　B. 结构　　　C. 用途　　　D. 量程

8. 在使用百分表时,测量头与被测表面接触时,测量杆应有一定的预压量,一般为

（　　）mm。
 A. 0.2～0.3 B. 0.3～1
 C. 1～1.5 D. 1.5～3

9. 用内径千分尺测量孔径时，让活动测头在被测孔壁上的轴向和圆周方向细心摆动，直到在轴向找到最小值和在径向上找到（　　）为止。
 A. 最小值 B. 最大值 C. 中间值 D. 无所谓

10. 用量具测量读数时，目光应（　　）量具的刻度。
 A. 垂直于 B. 倾斜于 C. 平行于 D. 任意

三、多项选择题

1. 扳手有（　　）等。
 A. 开口扳手 B. 套筒扳手 C. 梅花扳手 D. 扭力扳手

2. 一字螺钉旋具常用的规格有（　　）等几种。
 A. 50 mm B. 75 mm C. 125 mm D. 150 mm

3. 轿车维修作业中常用的钳子有（　　）。
 A. 鲤鱼钳 B. 钢丝钳 C. 尖嘴钳 D. 卡簧钳

4. 游标卡尺是一种能直接测量工件（　　）的量具。
 A. 内直径 B. 外直径 C. 长度 D. 深度

5. 按照用途不同，千分尺可分为（　　）等。
 A. 外径千分尺 B. 内径千分尺
 C. 内测千分尺 D. 深度千分尺

6. 按照举升机装置形式不同，举升机可分为（　　）。
 A. 丝杠螺母举升式 B. 链条传动举升式
 C. 液压缸举升式 D. 齿轮齿条式

7. 按照举升机驱动类型的不同，举升机主要分为（　　）。
 A. 气动式 B. 气液混合式 C. 液压式 D. 机械式

8. 下列（　　）属于5S理念的内容。
 A. 整理 B. 整顿 C. 清扫 D. 清洁

四、判断题

（　　）1. 梅花扳手钳口是双六角形的，可以容易地装配螺栓/螺母，因此能够在一个有限空间内重新安装。

（　　）2. 套筒接合器是用作改变套筒方形套头尺寸的一个插接器。

（　　）3. 旋转手柄可以拧紧或松开螺栓/螺母，顺时针为拧紧，逆时针为拧松。

（　　）4. 旋具使用时可以用它当撬棒使用。

（　　）5. 严禁用钳子代替扳手拧紧或拧松螺栓、螺母等带棱角的工件，以免损坏螺栓、螺母等工件的棱角。

（　　）6. 锤子使用前，必须检查锤柄是否安装牢固。

（　　）7. 使用量具测量前，不可施加过大的作用力。

（　　）8. 游标卡尺是一种中等精度的量具，不能测量精度要求高的零件，但可以用来测量毛坯件。

(　　) 9. 用千分尺测量工件时，可一边轻轻转动工件，一边测量。
(　　) 10. 检查汽车底部时要注意举升架的锁止。
(　　) 11. 举升汽车时应分两次举升，检查支点是否正确。

项目二　汽车常规维护

任务 1　发动机舱检查与维护

学习目标

1. 正确进行发动机舱的部件及各油、液加注口及油、液量检查；
2. 正确进行发动机舱内的检查维护流程与操作，各系统性能状态判定；
3. 查阅用户手册，列举汽车发动机舱内的常规维护项目和描述作业过程；
4. 完成维护作业单的填写。

技能学习与考核

一、劳动安全与卫生

1. 汽车从业人员的基本要求

为了能更加高效而安全可靠地进行维修，汽车从业人员应该达到以下要求。

1）穿戴要求

如图 2-1 所示，着装安全，不带饰物，穿干净的制服（工作服），穿防护鞋，并根据作业项目选戴护目镜、护耳塞等。提升重的物体或拆卸热的排气管或类似的物体时，建议戴上手套。然而，对于普通的维护工作戴手套并非一项必需的要求。

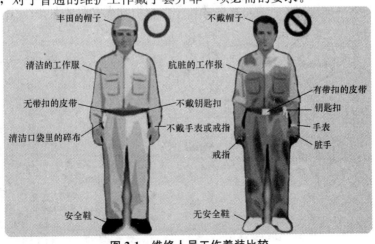

图 2-1　维修人员工作着装比较

2) 爱护车辆

(1) 要使用座椅套、翼子板布、前格栅布、方向盘套和地板垫。

(2) 小心驾驶客户车辆,在客户车内不抽烟。

(3) 拿走留在车上的垃圾和零件箱。

3) 车间整洁有序

要保持车间(地面、工具架、仪表、举升机等)的整洁有序,必须做到以下几点:

(1) 拿开不必要的物件。

(2) 整齐有序地放置零部件和材料。

(3) 经常打扫、清洗和擦净地面。

(4) 汽车停正并用三角木顶住车轮后,拉起手刹方可作业。

4) 作业前充分准备

作业前,应准备好相应工具、拆装中可能更换的易损件及必换的一次性零件,准备好润滑油、冷却液等。如果是第一次进行该项作业,必须仔细阅读相关的维修手册、说明书等资料。

5) 做好作业后工作

拆装作业后,仔细检查所有机件是否都已复位,清洁机件。然后清洁工具和工位,完成记录(作业项目、更换机件、使用工具,尤其是出现安全隐患及事故)。将旧的零件放在塑料袋或者空零件袋中,并放在预定的地方。

6) 后续工作

后续工作的内容主要有以下两项:

(1) 完成维修单和维修报告(例如,记录故障原因、更换的零件、更换原因、工时及责任人等)。

(2) 在工作中发现任何异常情况及未列在维修单上的任何其他信息,必须通知管理人员。

2. 汽车维修作业中的安全防范

1) 火灾

在对汽车的维修和使用中,有可能因操作不当而引发火灾,如图 2-2、图 2-3 所示。

图 2-2 正确的做法

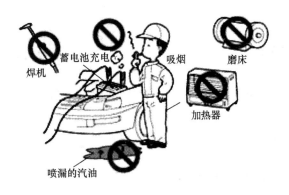

图 2-3 错误的做法

预防措施:
(1) 如果火灾警报响起,所有人员应当配合扑灭火焰。要做到这一点,应知道灭火器放在何处,应如何使用。
(2) 除非在吸烟区,否则不要抽烟,并且要确认将香烟熄灭在烟灰缸里。
(3) 吸满汽油或机油的碎布有时有可能自燃,所以它们应当被放置到带盖的金属容器内。
(4) 在机油存储地或可燃的零件清洗剂附近,不要使用明火。
(5) 不要在处于充电状态的电池附近使用明火或产生火花,因为它们产生了可以点燃的爆炸性气体。
(6) 仅在必要时才将燃油或清洗溶剂携带到车间,携带时还要使用能够密封的特制容器。
(7) 不要将可燃性废机油和汽油丢弃到阴沟里,因为它们可能导致污水管系统产生火灾。应将这些材料倒入一个排出罐或者一个合适的容器内。
(8) 在燃油泄漏的车辆没有修好之前,不要启动该车辆上的发动机。修理燃油供给系统,例如拆卸化油器时,应当从蓄电池上断开负极电缆,以防止发动机被意外启动。

2) 电器伤害

电器伤害主要指因操作、设备的不规范所引起的触电,或因电路老化等原因所产生的电火花而引起的火灾,如图 2-4、图 2-5 所示。

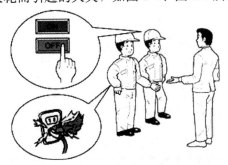

图 2-4 电器电线的正确操作

图 2-5 电器电线的错误操作

预防措施：

(1) 如果发现电气设备有任何异常，立即关掉开关，并联系管理员/领班。
(2) 如果电路中发生短路或意外火灾，则在进行灭火步骤之前首先关掉开关。
(3) 向管理员/领班报告不正确的布线和电气设备安装。
(4) 有任何保险丝熔断都要向上级汇报，因为保险丝熔断说明有某种电气故障。
(5) 不要靠近断裂或摇晃的电线。
(6) 为防止电击，不要用湿手接触任何电气设备。
(7) 不要触摸标有"发生故障"的开关。
(8) 拔下插头时，不要拉电线，而应当拉插头。
(9) 不要让电缆通过潮湿或浸有油的地方，通过炽热的表面或者尖角附近。
(10) 在开关、配电盘或马达等物附近不要使用易燃物，因为它们容易产生火花。

3) 机械伤害

在维修过程中，会因操作及设施的不规范而引起员工的挤、夹、扭、摔、划、割、砸、压等伤害，如图2-6、图2-7所示。

图2-6 湿滑的地面对人体造成伤害

图2-7 使用电动设备时的安全规范操作

预防措施：

(1) 不要把工具或零件留在自己或者其他人有可能踩到的地方，应将其放置在工作架或工作台上，并养成好习惯。
(2) 立即清理干净任何飞溅的燃油、机油或者润滑脂，防止自己或者他人滑倒。
(3) 工作时不要采取不舒服的姿态。这不仅会影响工作效率，而且有可能会使自己跌倒和伤害到自己。
(4) 处理沉重的物体时要小心。
(5) 从一个工作地点转移到另外一个工作地点时，一定要走指定的通道。
(6) 不要在开关、配电盘或电机等附近使用可燃物，因为它们容易产生火花，并引发火灾。
(7) 使用产生碎片的工具前，应戴好护目镜。
(8) 操作旋转的工具或者工作在一个有旋转运动的地方时，不要戴手套。因为手套可能被旋转的物体卷入，伤害到手。
(9) 用升降机升起车辆时，初步提升到轮胎稍微离开地面为止。然后，在完全升起之前，确认车辆牢固地支撑在升降机上。升起后，千万不要试图摇晃车辆，因为这样可能导致车辆跌落，造成严重伤害。

4) 化工用品

(1) 化工用品对人体的危害。汽车使用的各种化工产品往往会产生有害的气体或对人体造成伤害。

①电解液。电解液是由硫酸和水构成的,硫酸具有强烈的腐蚀性。

②石油产品。燃油及废、旧机油等都含有对人体有害的物质,长期接触会导致癌变或中毒。这些液体若被误食、吸入、溅入眼睛、接触皮肤,均会造成人身伤害。

③防冻液。防冻液的主要成分是有毒的乙二醇。

④化油器清洁剂。大部分的化油器清洁剂中都含有甲基氯化物、芳香族类,还有乙醇,它们都有一定的毒性。

(2) 预防措施。在使用化工用品时,要戴好各类防护用品,包括防毒面具、防护眼镜、防护手套等。当这些化学品被误食、吸入、溅入眼睛、接触皮肤时,应立即送医院治疗。

5) 废气

(1) 废气对人体的伤害。发动机排出的废气中含有对人体、环境有害的成分。国际上已经将汽车废气作为污染环境的最主要的因素。人长时间吸入含有一定浓度的废气,会引起极大的身体伤害,甚至致命的伤害。

(2) 预防措施。在车间的任何地方、任何时间起动车辆,要使用尾气排放设备和通风设备。

3. 5S 理念

5S 理念的概述

(1) 5S 活动起源于日本,是一种优秀的现场管理技术。

(2) 5S 是保持车间环境,实现轻松、快捷和可靠工作的关键点。

4. 5S 理念的内容

1) Seiri（整理）

按照必要性,组织和利用所有的资源,包括工具、零件或信息等,在工作场地指定一处地方来放置所有不必要的物品。收集工作场地中不必要的东西,然后丢弃不必要的物品。

(1) 按照必要性,组织和利用所有的资源,包括工具、零件或信息等。

(2) 在工作场地指定一处地方来放置所有不必要的物品。收集工作场地中不必要的东西,然后丢弃。

(3) 丢弃不必要的物品。

整理的目的：此过程将确定某种项目是否需要,不需要的项目应立即丢弃以便有效利用空间。

2) Seiton（整顿）

(1) 将很少使用的物品放在单独的地方。

(2) 将偶尔使用的物品放在工作场地。

(3) 将常用的物品放在身边。

整顿的目的：方便零件和工具的使用,节约时间。

3) Seiso（清扫）

(1) 一个肮脏的工作环境是缺少自信的反映。

（2）要养成保持工作场地清洁的好习惯。

清扫的目的：清除工作场所的脏污，使设备永远处于完全正常的状态，以便随时可以使用。

4）Seiketsu（清洁）

（1）任何事情都要有助于使工作环境保持清洁，如颜色、形状，以及各种物品的布局、照明、通风、陈列架以及个人卫生。

（2）如果工作环境变得清新明亮，它能够给顾客带来良好的气氛。

清洁的目的：清洁是一个努力保持整理、整顿和清扫状态的过程，防止任何可能问题的发生。

5）Shitsuke（自律）

（1）自律形成文化基础，这是确保与社会协调一致的最起码的要求。

（2）自律是学习规章制度方面的培训。

自律的目的：自律是一个通过学习等使学生具有优良意识和良好习惯。

二、信息查询

1. 使用用户手册或维修手册完成以下作业内容

随着汽车的发展，新车型中包括了新的系统和特性。因此，对于车主来说，如果仅靠其经验来判断车辆是否处于正常状况，其难度会越来越大。为了向所有车主通告正确的使用维护方法，（汽车公司）会发行各种不同的用户手册。

（1）通过查阅用户手册，找到实车上的标牌（如图2-8所示），汽车的发动机型号为_____，并根据用户手册上的提示，找出车辆 VIN 码的位置，相关的 VIN 码为_____。

（2）认知灯光组合开关，学会打开示宽灯、大灯（近远光灯）、大灯闪光开关和指示灯、转向信号灯和指示灯；同时沿车周围查看灯光闪亮情况，最后完成下述作业。

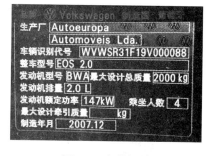

图2-8 汽车标牌

示宽灯（　　）色　　　大灯（　　）色

转向信号灯（　　）色

顶灯开关的三种状态是：_____、_____、_____。

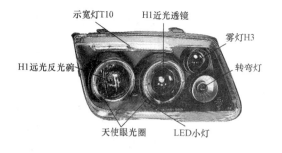
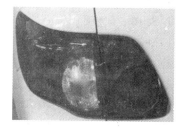

操作制动灯及倒车灯点亮：制动灯（　　）色，倒车灯（　　）色。

目视检查喷洗器喷射力、喷射位置，检查雨刷器喷射时刮水器联动，检查低速高速工作情况，检查自动回位位置，目视检查刮拭状况。根据检查结果回答问题：刮水器共有（　　）个挡位。

（3）请查阅用户手册，参考汽车常规维护项目作业表完成以下作业（参阅图 2-9）：

驻车制动杆行程正常范围：_____ 牙，画出指示灯符号_____，制动踏板正常高度范围：_____ mm，正常自由行程为_____ mm。

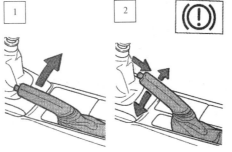

图 2-9　驻车制动杆

（4）请查阅用户手册，参考汽车常规维护项目作业表，完成以下作业。

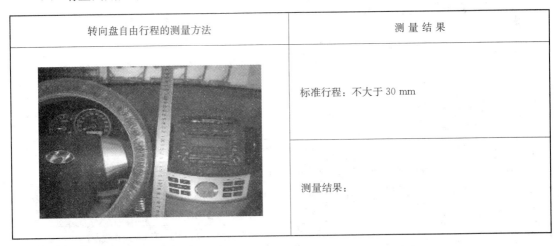

转向盘自由行程的测量方法	测量结果
	标准行程：不大于 30 mm
	测量结果：

（5）查看实车仪表灯光系统，完成下述作业（填表示符号）。

仪表灯名称	简称/缩略语	表示符号
发动机故障指示灯	ENGINE	
充电警告灯		
驻车制动灯（制动液位过低警告灯）	BREAK	
制动防抱死系统故障指示灯	ABS	
安全气囊系统故障指示灯	SRS	
水温报警灯	THW	
汽油液位过低警告灯		
机油压力过低警告灯	OIL LOW	
座椅安全带未扣警告灯		
行李厢门未关警告灯		
车门未关警告灯		

2．评价

（1）在实际操作作业内容时，有必要口头报告出来吗？为什么？

答：_____

_____

（2）通过常规维护，能判断本车可以安全行驶吗？请说明原因。

答：_____

_____

三、技能学习

1．操作步骤

汽车常规维护作业项目见表2-1。

表 2-1　汽车常规维护项目

1	拉起发动机盖释放杆	2	打开发动机舱盖
3	检查发动机冷却液位	4	检查发动机机油液面
5	检查制动液位（储液罐）	6	检查喷洗器液面
7	检查示宽灯点亮	8	检查牌照灯点亮
9	检查尾灯点亮	10	检查大灯（近光灯）点亮
11	检查大灯闪光开关和指示灯点亮	12	检查转向信号灯和指示灯点亮
13	检查危险警告灯和指示灯点亮	14	检查制动灯点亮（尾灯点亮时）
15	检查转向开关自动返回功能	16	检查仪表板照明灯点亮
17	检查顶灯点亮	18	检查组合仪表警告灯（点亮和熄灭）
19	目视检查喷射力、喷射位置	20	检查喷射时刮水器联动
21	检查低速工作情况	22	检查高速工作情况

续表

23	检查自动回位位置	24	目视检查刮拭状况
25	检查驻车制动杆行程	26	检查驻车制动器指示灯点亮
27	检查制动器踏板应用状况（响应性）	28	检查制动器踏板应用状况（完全踩下）
29	检查制动器踏板应用状况（异常噪声）	30	检查制动器踏板应用状况（过度松动）
31	检查制动踏板高度	32	检查制动器踏板自由行程
33	检查制动助力器工作情况	34	检查制动助力器真空功能
35	检查方向盘自由行程	36	检查方向盘松动和摆动
37	检查点火开关 ACC 位置时，方向盘可否自由移动	38	检查门控灯开关工作情况（顶灯和指示灯工作情况）
39	检查座椅安全带的螺栓和螺母是否松动	40	检查座椅的螺栓和螺母是否松动
41	检查车门的螺栓和螺母是否松动	42	检查油箱盖是否扭紧
43	目视检查前后左右车灯安装状况	44	目视检查前后左右车灯是否损坏和有污垢
45	目视检查前后左右车灯是否有裂纹和损坏	46	检查前后左右轮胎及备胎是否嵌入金属颗粒或其他异物
47	测量前后左右轮胎及备胎胎面沟槽深度（测量规）	48	检查前后左右轮胎及备胎是否有异常磨损
49	检查前后左右轮胎及备胎气压	50	检查前后左右轮胎及备胎是否漏气
51	检查前后左右轮胎及备胎钢圈是否损坏或腐蚀	52	检查行李厢门是否松动
53	检查前后左右减振器的阻尼状态	54	检查车辆前后左右是否倾斜
55	检查各门控灯开关工作情况（顶灯和指示灯工作情况）	56	检查发动机舱盖安装状况
57	检查机油加注口盖是否扭紧	58	检查发动机是否漏油
59	检查传动带是否变形	60	检查传动带是否损坏（磨损、裂纹、脱层或其他损坏）
61	检查传动带安装状况（传动带张力检查）	62	检查总泵和制动管路处制动液是否泄漏
63	检查燃油是否泄漏	64	检查排气管、消声器是否有严重漏气
65	目视检查制动器摩擦片厚度（外侧）	66	目视检查制动卡钳处有无制动液泄漏
67	检查电解液液位	68	检查蓄电池盒损坏
69	检查蓄电池端子腐蚀	70	检查蓄电池端子导线松动
71	检查或紧固前后左右车轮螺母	72	发动机暖机期间检查冷却液是否从散热器、散热器盖、软管夹周围等处泄漏
73	检查冷却系橡胶软管是否有裂纹、凸起和硬化	74	发动机暖机后检查自动传动桥液位
75	发动机暖机后检查空调制冷效果	76	发动机暖机后再次检查机油液面
77	清洁车身、车身内部、烟灰缸等		

(1) 查阅技术资料回答：新车发动机舱内的维护作业项目有哪些？

(2) 参考图2-10，完成下述作业。

图2-10　发动机舱部件认识

发动机油加注口的编码是_____　　　自动变速器油尺的编码是_____
离合器、制动油的编码是_____　　　动力转向油的编码是_____
水箱加注口的编码是_____　　　　　防冻液辅助水箱的编码是_____
玻璃清洁液的编码是_____　　　　　雨刮器的编码是_____
保险丝盒的编码是_____　　　　　　蓄电池的编码是_____
节气门体的编码是_____　　　　　　发动机油尺的编码是_____

(3) 参考图2-11，完成发动机舱盖高度的调整。

 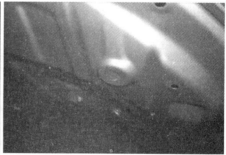

图2-11　发动机舱盖的调整

请记录操作过程：

(4) 参照图2-12，完成润滑发动机舱盖锁扣的操作。所用润滑油的类型为：_____。

图 2-12 发动机舱盖锁扣

（5）取下发动机罩后可以看到发动机罩固定支座共有_____个。

（6）取下发动机罩后，清洁气门室盖、机油加注口、喷油器管路等，所用到的工具材料有：_____。

（7）蓄电池的维护。

①参照图 2-13，检查蓄电池液面，所需工具有_____。液面高度：过高（ ），正常（ ），过低（ ）。

图 2-13 检查蓄电池液面高度

②参照图 2-14，检查蓄电池静态电压。测试工具：_____，测试结果：_____。

图 2-14 检查蓄电池静态电压

③参照图 2-15，测试蓄电池启动电压。测试步骤：_____
_____。

测试结果：_____。

图 2-15　测试蓄电池启动电压

④参照图 2-16，蓄电池负荷测试。进行蓄电池负载电压测试需使用的仪器是_____。简述使用该仪器时需遵守的安全规定：_____
_____
_____。

⑤参照图 2-17，维护蓄电池桩头。蓄电池桩头出现的问题是_____。
记录你的解决方法：_____
_____。

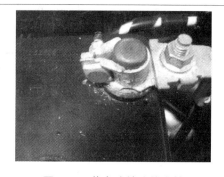

图 2-16　蓄电池负荷测试　　　　图 2-17　蓄电池桩头的维护

⑥参照图 2-18，对蓄电池桩头进行紧固。拧紧力矩为_____。

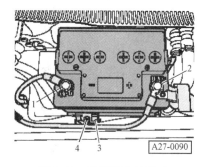

图 2-18　坚固蓄电池桩头

小提示：
①使用蓄电池测试仪需要遵守安全规定；
②测试过程中可能出现爆炸性气体（存在爆炸危险），因此必须在通风条件良好的环境下进行测试；
③避免火焰、明火和电火花；
④穿戴护目镜、防护手套和防护服装。

(8) 检查保险丝松动状况。前大灯保险丝为 _____ A；尾灯保险丝为 _____ A。

(9) 参照图 2-19 检查搭铁线。搭铁线另一端所在位置 _____；搭铁线另一端固定螺栓的拧紧力矩为 _____。

图 2-19　蓄电池搭铁线

(10) 调整雨刮喷水嘴。所使用的工具有：_____。

(11) 参照图 2-20 添加冷却液。检查冷却液位：过高（　　），正常（　　），过低（　　）。冷却液更换间隔时间为 _____。

(12) 参照图 2-21 检查雨刮水液位。喷洗液正常液位 _____。喷洗液成分 _____。

图 2-20　发动机冷却液储液罐的位置

图 2-21　检查雨刮水液位

(13) 检查发动机机油。
①查阅技术资料，标准的检查步骤应该是：_____
_____。

②参照图 2-22，检查发动机机油液位。正常的液位应该是：＿＿＿＿＿＿＿＿＿＿＿＿＿。检查结果是：过高（　　），正常（　　），过低（　　）。针对上述检查结果，你所做的处理方法是：＿＿＿＿＿＿＿＿＿＿＿＿＿。你查阅到的本发动机机油的规格是＿＿＿＿＿＿＿＿＿＿。

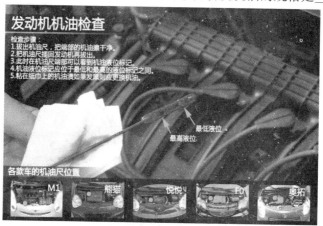

图 2-22　发动机机油液位的检查

（14）检查自动变速箱主传动器（参照图 2-23）。

图 2-23　检查 ATF 油液位

①检查自动变速器油位前，应做的准备工是：＿＿＿。

②ATF 正常液位应该是＿＿＿＿＿＿＿＿＿。检查的结构是：过高（　　），正常（　　），过低（　　）。针对上述检查结果，你所做的处理方法是：＿＿＿＿＿＿＿＿＿＿。你查阅到的本车 ATF 油的规格是＿＿＿＿＿＿＿＿。

（15）参照图 2-24 检查空调管路。在空调制冷工作状态，通过观察窗判断其是否工作正常。观察的结果是：＿＿＿＿＿＿＿＿＿＿＿＿＿＿＿＿＿＿＿＿。

据此判断本车的空调系统工作情况：正常（　　），不正常（　　）。如果不正常，可能存在的故障是：＿＿＿＿＿＿＿＿＿＿＿＿＿＿＿＿＿＿＿＿＿。针对此故障，应该进行的排除操作是：＿＿＿＿＿＿＿＿＿＿＿＿＿＿＿＿＿＿。

（16）制动液检查。

①对制动液进行操作以及制动液储藏时需遵守安全规定有：＿＿。

②参照图2-25检查制动液液位。标准的制动液液位应该是：_____，实际液位：过高（ ），正常（ ），过低（ ）。针对上述检查结果，应该采取的措施是：_____。

图 2-24　空调系统观察窗位置

图 2-25　制动液液位检查

（17）空气滤清器的检查。
所维护车型空气滤清器的更换周期或里程数是：_____。
①参照图2-26，取出空气滤清器滤芯。

图 2-26　取出空气滤清器滤芯

②参照图2-27，清洁滤芯，然后将滤芯装回。
（18）检查发电机皮带（参照图2-28）。

图 2-27　清洁滤芯

图 2-28　检查发电机皮带

①正确的检查方法是：_____
②皮带张力调整方法是：_____
（19）检查火花塞。
①火花塞型号_____。
②火花塞间隙_____。

2．思考

（1）如何识别机油的黏度、级别及适宜的温度？

_____

_____。

（2）通过查阅手册，回答何时需更换火花塞？如何通过火花塞颜色、间隙判断发动机工作状况。

_____

_____。

四、考核

完成本任务活动评价表（表2-2）。

表 2-2 活动评价表

班级：　　　　　　　　　　组别：　　　　　　　　　　姓名：

项 目	评价内容	评价等级（学生自评）		
		A	B	C
关键能力考核项目	遵守纪律，遵守学习场所管理规定，服从安排			
	安全意识、责任意识、5S管理意识、注重节约、节能与环保			
	学习态度积极主动，能参加实习安排的活动			
	团队合作意识，注重沟通，能自主学习及相互协作			
	仪容仪表符合活动要求			
专业能力考核项目	按时按要求独立完成工作页			
	工具、设备选择得当，使用符合技术要求			
	操作规范，符合要求			
	学习准备充分、齐全			
	注重工作效率与工作质量			
小组评语及建议		组长签名： 年　月　日		
教师评语及建议		教师签名： 年　月　日		

任务 2　乘员舱内检查与维护

学习目标

1. 描述新车检查作业的工量具及仪器设备的名称、种类、用途及其使用方法，并正确使用；
2. 正确填写常规维护检查单，并签字确定责任，且内容齐全、外观整洁；
3. 按照新车检查及维护项目在规定时间内进行维护并恢复车辆正常状态；
4. 描述常规维护作业服务流程，并与相关人员有效沟通，进行情况反馈；
5. 根据维修手册要求，对乘员舱规范进行维护工作。

技能学习与考核

一、技能学习

1. 遥控电池的更换

(1) 参照 2-29，说明更换遥控电池的正确顺序是：_____
_____。

图 2-29　遥控电池更换顺序

(2) 检查电池，该电池型号为_____，旧电池电压为_____，新电池电压应该为_____。

2. 车门锁的维护

(1) 参照图 2-30，紧固车门锁闩，使用的工具是_____。
(2) 润滑门锁机构，使的用润滑油是_____。
(3) 参照图 2-31 清洁、润滑车门铰链，使用的工具是_____。车门检查应检查其_____和_____。
(4) 儿童锁的检查与维护要点是_____。在图 2-32 中所示位置儿童锁：□起作用　□不起作用。
(5) 参照图 2-33，查看儿童锁标识牌，儿童锁的作用

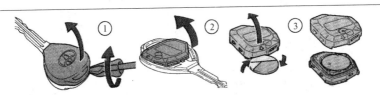

图 2-30　紧固车门锁闩

是_____。

图 2-31 润滑车门铰链

图 2-32 儿童锁的位置

3. 座椅及安全带的维护

（1）座椅的维护要点是_____。

（2）参照图 2-34，调节座椅，检查座椅工作情况。图中_____为靠背倾斜调整杆；_____为前后位置调整杆；_____为垂直高度调整杆。

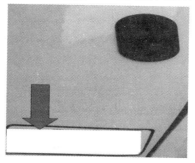

图 2-33 儿童锁标牌的位置

（3）检查儿童座椅。

①检查儿童座椅（ISOFIX）固定插口有无变形、磨损。

②参照图 2-35，儿童座椅固定锚的位置分别位于_____。

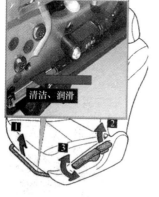

图 2-34 座椅调节操纵机构

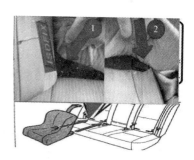

图 2-35 儿童座椅固定点位置

③参照图 2-36，上下拉动安全带，安全带完全拉伸后_____回位，是否可行？_____。

4. 检查调整驻车制动

参照图 2-37，拉起驻车制动，检查拉到位时的响声，_____声咔咔响。是否符合要求？□是　□否

如果不符合要求，你应该采用的调整方法是：_____。调整后，_____声"咔咔"响。

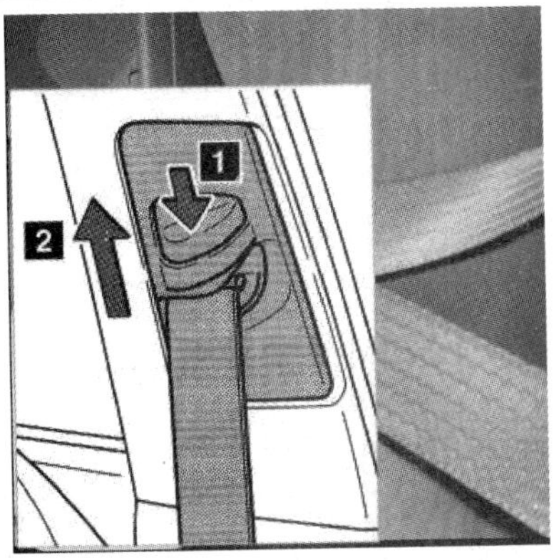

图 2-36　安全带运行情况检查

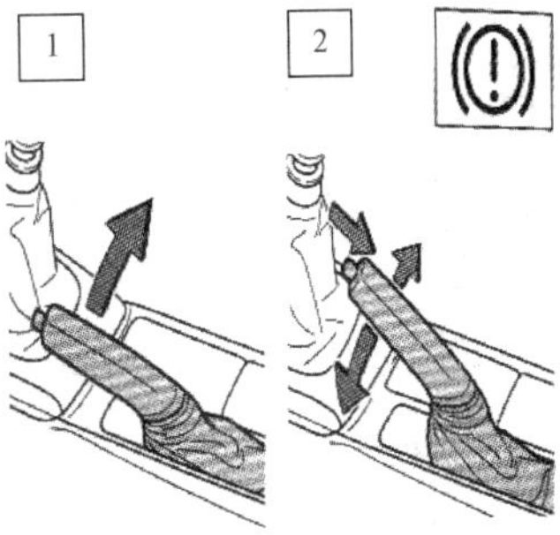

图 2-37　驻车制动检查

5. 车内饰的维护

(1) 列举常见的清洁工具：_____
_____。

(2) 列举常见的清洁用品：_____
_____。

(3) 进行汽车内饰维护作业，将你所做的维护项目记录在下面：
_____
_____。

二、思考

(1) 通过本次学习活动，你学到了什么？请简要记录：
_____
_____。

(2) 学习前，你觉得乘员舱检查维护的主要内容和目的是什么？学习后呢？
_____
_____。

(3) 通过本次活动，你觉得掌握了哪些具体的知识点，请举例说明。
_____
_____。

（4）你对本次学习活动，你有何心得体会，有何意见或建议？请简要表述。

_____

_____

（5）能力拓展。空调容易有异味，试查阅相关维修手册，提出解决空调异味的几种方案。

_____

_____

三、考核

完成本任务活动评价表（表2-3）。

表2-3　活动评价表

班级：　　　　　　　组别：　　　　　　　姓名：

项目	评价内容	评价等级（学生自评）		
		A	B	C
关键能力考核项目	遵守纪律、遵守学习场所管理规定，服从安排			
	安全意识、责任意识、5S管理意识，注重节约、节能与环保			
	学习态度积极主动，能参加实习安排的活动			
	团队合作意识，注重沟通，能自主学习及相互协作			
	仪容仪表符合活动要求			
专业能力考核项目	按时按要求独立完成工作页			
	工具、设备选择得当，使用符合技术要求			
	操作规范，符合要求			
	学习准备充分、齐全			
	注重工作效率与工作质量			
小组评语及建议		组长签名： 　　年　月　日		
教师评语及建议		教师签名： 　　年　月　日		

任务3 车身外部检查与维护

> **学习目标**

1. 熟练地进行车身外部的检查，完整地填写检查单；
2. 掌握车身外部问题和故障的类型，并进行归纳记录。

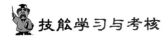技能学习与考核

一、信息查询

查阅资料，参照图 2-38 和图 2-39，完成车身车外部件名称认识。

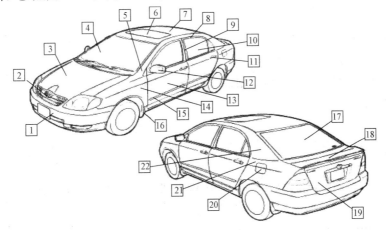

图 2-38 车身外部件认识

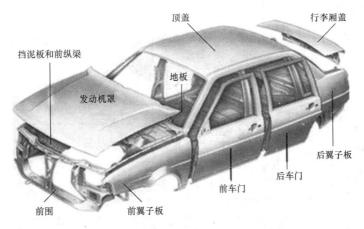

图 2-39 车身外覆盖件认识（桑塔纳轿车）

保险杠的编码是_____　　散热器护栅的编码是_____
发动机罩（盖）的编码是_____　　挡风玻璃的编码是_____
前柱的编码是_____　　滑动天窗的编码是_____
天窗板的编码是_____　　门框的编码是_____
中柱的编码是_____　　门窗玻璃的编码是_____
外侧车门把手的编码是_____　　车外后视镜的编码是_____
门板的编码是_____　　前翼子板的编码是_____
外嵌条的编码是_____　　挡泥板的编码是_____
后窗玻璃的编码是_____　　后扰流器的编码是_____
行李厢盖的编码是_____　　加油口盖的编码是_____
后翼子板的编码是_____　　后侧柱的编码是_____

二、操作步骤

1. 全车油漆、金属表面的检查

1）检查标准

（1）检查环境要求光线良好；

（2）检查确认金属表面平整度良好，无凹凸缺陷；

（3）检查确认车身表面的油漆无划伤、色差、漏漆、流挂、灰粒、暗影等现象。

2）检查方法

（1）近距离目视检查；

（2）在距离检查部位1 m处，从正面、各个侧面等多方向目视检查。

3）检查流程

参照表2-4，填写车辆维护检查中的外部检查部分，并出具检查完毕处理意见。

表2-4　维护外部检查记录单

次序	检查部位	有无问题	问题类型
1	前保险杠		
2	发动机机舱盖		
3	左前翼子板		
4	左前后视镜		
5	左前车门		
6	左后车门		
7	左后翼子板		
8	后备厢盖		
9	后保险杠		
10	右后翼子板		
11	右后车门		
12	右前车门		
13	右前翼子板		
14	车顶		

（1）需要调整的部位_____。
（2）需要整形处理的部位_____。
（3）需要更换部件的部位_____。
（4）其他处理意见_____。
4）汽车漆面处理

（1）漆面浅划痕、斑痕处理。参照图 2-40，按正确的方法处理漆面浅划痕、斑痕。记录你所处理的部位：_____。

图 2-40　漆面轻度损伤的处理

（2）参照图 2-41 所示的工艺程序，对漆面深划痕、整体漆面处理。

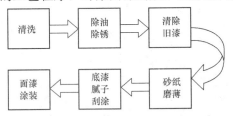

图 2-41　漆面深划痕、整体漆面处理工艺流程

处理部位有：_____。

2. **车身各配合间隙检查**（参照图 2-42）

图 2-42　车身各配合间隙检查参照图

(1) 确认发动机盖、行李厢与两侧翼子板的配合间隙均匀、左右对称、平整度一致；
检查记录：_____。
(2) 确认前、后保险杠与翼子板配合间隙均匀、平整一致；
检查记录：_____。
(3) 确认前、后保险杠与发动机盖、行李厢的配合间隙均匀；
检查记录：_____。
(4) 检查机盖、行李厢盖与车身、翼子板配合间隙应均匀、平整一致；
检查记录：_____。
(5) 参照图2-43，检查四门与车身的配合间隙均匀、平整一致。
检查记录：_____。
(6) 填写车辆维护检查中的外部检查部分，并出具检查完毕处理意见：
①需要调整的部位_____。
②需要整形处理的部位_____。
③需要更换部件的部位_____。
④其他处理意见_____。

3. 车身玻璃检查

1) 前、后挡风玻璃检查

(1) 检查确认玻璃表面无开裂、爆眼、划伤、平整；
检查记录_____。
(2) 透过玻璃看物体时，无变形的感觉。
检查记录_____。
(3) 检查确认前/后挡风玻璃光亮密封条配合牢固，无开裂、变形、翘起等现象。
检查记录_____。

2) 车窗玻璃检查（参照图2-44）

图2-43 车门间隙

图2-44 车窗玻璃检查示例

(1) 检查四门车窗玻璃、天窗和三角窗玻璃。
检查记录_____。
(2) 玻璃表面无开裂、爆眼、划伤、平整。
检查记录_____。
(3) 透过玻璃看物体时，无变形的感觉。

检查记录_____。

（4）检查确认窗框密封条无开裂、变形。

检查记录_____。

3）填写车辆维护检查中的外部检查部分，并出具检查完毕处理意见

（1）需要调整修理的部位_____。

（2）需要表面处理的部位_____。

（3）需要更换部件的部位_____。

（4）其他处理意见_____。

4．雨刮器刮臂及刮片

（1）参照图 2-45，检查雨刮器的刮臂是否损坏或变形。

检查记录_____。

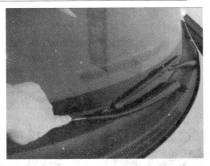

图 2-45　检查雨刮器的刮臂

（2）参照图 2-46，检查雨刮片表面平整、无损坏、变形等。

检查记录_____。

图 2-46　检查雨刮器的刮臂片

（3）填写车辆维护检查中的外部检查部分，并出具检查完毕处理意见。

①需要调整的部位_____。

②需要整形处理的部位_____。

③需要更换部件的部位_____。

④其他处理意见_____。

5.照明灯具外观检查

(1) 参照图 2-47,检查前后大灯、雾灯组合灯、侧面转向灯、后尾灯等与前后保险杠之间配合间隙均匀、对称。

检查记录_____。

(2) 确认灯具表面干净,无划痕、无裂缝、无破损。

检查记录_____。

(3) 确认各灯具无进水、水汽的迹象。

检查记录_____。

(4) 填写车辆维护检查中的外部检查部分,并出具检查完毕处理意见。

①需要调整的部位_____。

②需要修理处理的部位_____。

③需要更换部件的部位_____。

④其他处理意见_____。

6.车身饰条、密封条、装饰条板检查(参照图 2-48)

图 2-47 照明灯具外观检查

图 2-48 车身饰条、密封条、装饰条板检查

1)顶部饰条

检查确认顶部饰条粘贴牢固,无翘起、破损等情况。

检查记录_____。

2)上侧梁饰条

检查确认上侧梁饰条,安装牢固,与上梁配合平整,镀铬表面无脱落、划伤、凹凸点、锈蚀、起泡等情况。

检查记录_____。

3)门槛饰条

检查确认左右两侧门槛饰条,安装牢固,与门槛配合平整,镀铬表面无脱落、划伤、凹凸点、锈蚀、起泡等情况。

检查记录_____。

4)车门、翼子板光亮饰条

确认光亮饰条安装牢固,镀铬表面无脱落、划伤、凹凸点、锈蚀、起泡等情况,翼子板、车门光亮饰条过渡一致。
　　检查记录_____。
　　5）前格栅、后牌照饰板
　　(1) 检查确认饰条安装牢固，无翘起；
　　(2) 确认饰板镀铬表面无脱落、划伤、凹凸点、锈蚀、起泡等情况。
　　检查记录_____。
　　6）车门窗台外侧密封条
　　车门窗台外侧密封条表面无划伤，安装牢固，与车窗玻璃的配合无间隙，尾部位置与左前门外柱饰条平齐。
　　检查记录_____。
　　7）确认前后标牌、标识
　　(1) 前后车身上的标牌等粘贴牢固。
　　检查记录_____。
　　(2) 确认前后车身上的标牌等清晰、正确。
　　检查记录_____。
　　8）前后门外柱饰条
　　前后门外柱饰条表面无划伤，与左后门外柱饰条平整度一致，上下间隙均匀。
　　检查记录_____。
　　9）总结
　　填写车辆维护检查中的外部检查部分，并出具检查完毕处理意见。
　　(1) 需要调整的部位_____。
　　(2) 需要修理处理的部位_____。
　　(3) 需要更换部件的部位_____。
　　(4) 其他处理意见_____。
　　7. 油箱盖与车身的配合（参照图2-49）
　　(1) 检查确认加油小门在关闭的状态下，与车身的配合间隙均匀、对称、平整度一致。
　　检查记录_____。
　　(2) 检查确认加油小门在车门解锁的状态下，能打开小门盖板。
　　检查记录_____。
　　(3) 检查确认油箱盖上的标签已粘贴牢固，标签上的图标和字体清晰、正确。
　　检查记录_____。
　　(4) 总结。填写车辆维护检查中的外部检查部分，并出具检查完毕处理意见。
　　①需要调整的部位_____。
　　②需要修理处理的部位_____。
　　③需要更换部件的部位_____。
　　④其他处理意见_____。
　　8. 倒车雷达感应器（参照图2-50）
　　(1) 倒车雷达感应器安装牢固，无漏装。

检查记录_____。

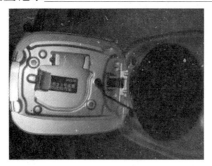

图 2-49　油箱盖与车身的配合检查

图 2-50　倒车雷达感应器检查

（2）倒车雷达感应器与后保险杠表面颜色一致。
检查记录_____。
（3）汽车维护检查中的外部检查部分，并出具检查完毕处理意见。
①调整的部位_____。
②修理处理的部位_____。
③更换部件的部位_____。
④处理意见_____。

三、评价

1）检查完毕后的归纳总结

经过八个步骤的仔细检查，签字确定车辆维护检查内容。分项记录归纳总结。
将你发现的本车外部问题记录在下面：
①出现次数最多的问题是_____；
②最严重的问题是_____；
③影响安全的问题是_____。
你的建议是：_____
_____
_____。

2）工艺设计
当你在车辆检查中发现（图 2-51）车辆表面有色差，请设计处理工艺。
_____
_____。

3）能力拓展性
通过查找资料，写出前风挡玻璃的清洁喷水器喷水位置的调整方法。
_____
_____
_____。

图 2-51 检查漆面的色差

四、考核

完成本任务活动评价表（见表 2-5）。

表 2-5　活动评价表

班级：　　　　　　　　　组别：　　　　　　　　　姓名：

项目	评价内容	评价等级（学生自评）		
		A	B	C
关键能力考核项目	遵守纪律、遵守学习场所管理规定，服从安排			
	安全意识、责任意识、5S管理意识，注重节约、节能与环保			
	学习态度积极主动，能参加实习安排的活动			
	团队合作意识，注重沟通，能自主学习及相互协作			
	仪容仪表符合活动要求			
专业能力考核项目	按时按要求独立完成工作页			
	工具、设备选择得当，使用符合技术要求			
	操作规范，符合要求			
	学习准备充分、齐全			
	注重工作效率与工作质量			
小组评语及建议		组长签名： 　　年　月　日		
教师评语及建议		教师签名： 　　年　月　日		

任务4 车载工具与用品的使用

> **学习目标**

1. 查阅维修手册和熟练运用用户手册，列举汽车常规维护项目和描述作业流程；
2. 学会使用车载工具与用品。

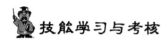 技能学习与考核

一、操作步骤

1. 查找行李厢盖拉手

参照图2-52，通过查阅维修手册，找到拉开行李厢盖的拉手。

图2-52 行李厢盖拉手

2. 查找随车工具与用品

打开行李厢盖，查阅用户手册或维修手册，参照图2-53，完成以下名称或序号的填空，检查行李厢部件的放置位置。

（   ）车载工具　　　　（   ）警示牌
（   ）千斤顶　　　　　（   ）备用轮胎

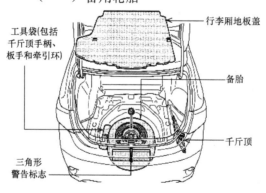

图2-53 随车工具放置位置

3. 随车工具与用品使用

通过查阅用户手册,参照图2-54,查看并选取车载工具与用品,进行打开与折叠警示牌的操作。

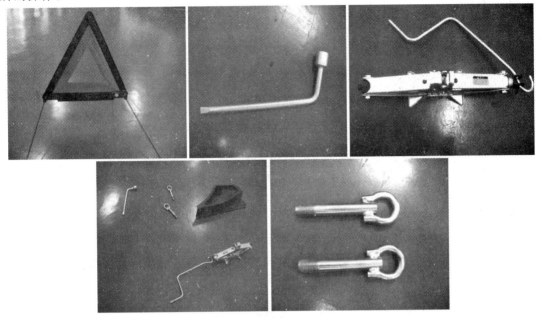

图 2-54　车载工具与用品示例

参照图2-55,进行安装与拆卸牵引钩的操作并记录操作步骤:

_____
_____
_____
_____。

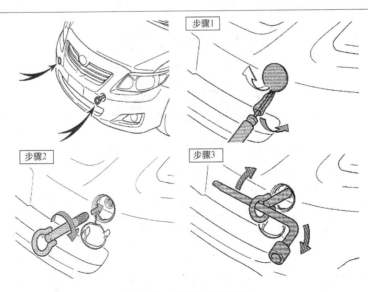

图 2-55　牵引钩拆装流程

4. 检查轮胎气压

1) 认识气压表

(1) 完成单位换算。1 kgf/cm² = _____ bar = _____ psi。

(2) 轿车轮胎加注多少气压？_____。

(3) 请在用户手册查出本车型的前后轮胎压。

前轮胎压：_____；后轮胎压：_____；备胎胎压：_____。

2) 检查轮胎气压

(1) 如图 2-56 所示，用轮胎气压表检查轮胎气压。检查的结果是：_____。

(2) 检查气嘴是否漏气，再上紧防尘盖。

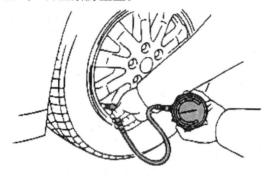

图 2-56　检查轮胎气压

5. 更换备胎

(1) 参照图 2-57，说明螺栓的拆装顺序。

轮胎螺栓的拆卸顺序_____。

轮胎螺栓的安装顺序_____。

图 2-57　轮胎螺栓拆装顺序示意图

(2) 参照图 2-58，详细描述拆卸轮胎的步骤。

① _____。

② _____。

③ _____。

④ _____。

⑤ _____。

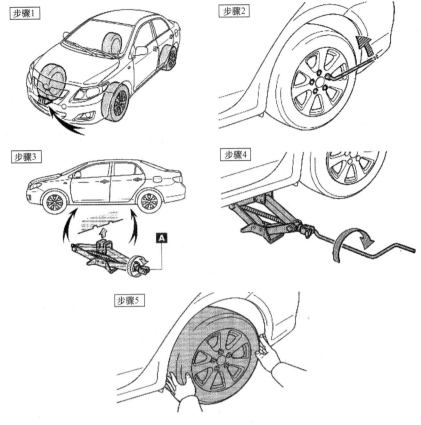

图 2-58 轮胎拆卸步骤

(3) 参照图 2-59，详细描述安装轮胎的步骤。

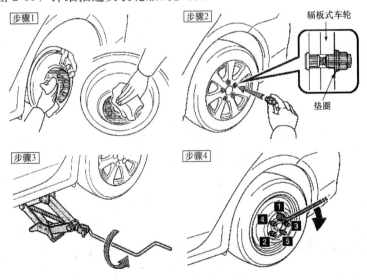

图 2-59 轮胎安装步骤

① _____。

② _____。
③ _____。
④ _____。
⑤ _____。

注意事项（参阅图 2-60）：

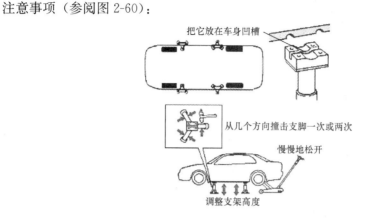

图 2-60　支撑车辆操作流程

更换轮胎时，将车轮垫木挡块放在车轮下，以防止车辆移动。车辆顶起后，用安全支架在规定的正确举升点支住车辆，然后再开始工作。此项操作应当在水平地面上进行。

带有马凳支架使用方法如下：

①支架按说明放置，并将马凳上的橡胶槽对准车身。

②重新检查架子高度，使车辆处于水平位置。

③慢慢地松开释放把手，当荷载放在马凳时，用锤子慢慢地敲击支架，以检查它们是否都接触地。

④在检查后拆除千斤顶。

⑤在顶升或拆除马凳时切勿进入车下。

二、评价

1）思考

判断以下说法的正确与错误，并回答相应问题。

（1）使用马凳时，在车门槛板的前后端支承住汽车。

（2）有一种同时使用两个千斤顶顶起汽车的方法。

（3）更换备胎时，钢质胎铃和铝合金胎铃是否可以通用？为什么？

2）能力拓展

带轮胎气压监测装置的汽车有哪些组成部分？胎压监测装置是如何运作的？

答：_____

_____

_____

三、考核

完成本任务活动评价表（见表2-6）。

表2-6 活动评价表

班级：　　　　　　　　　　组别：　　　　　　　　　　姓名：

项目	评价内容	评价等级（学生自评）		
		A	B	C
关键能力考核项目	遵守纪律、遵守学习场所管理规定，服从安排			
	安全意识、责任意识、5S管理意识，注重节约、节能与环保			
	学习态度积极主动，能参加实习安排的活动			
	团队合作意识，注重沟通，能自主学习及相互协作			
	仪容仪表符合活动要求			
专业能力考核项目	按时按要求独立完成工作页			
	工具、设备选择得当，使用符合技术要求			
	操作规范，符合要求			
	学习准备充分、齐全			
	注重工作效率与工作质量			
小组评语及建议		组长签名： 年　月　日		
教师评语及建议		教师签名： 年　月　日		

任务5　常规维护作业学习成果展示与评价

学习目标

1. 查阅维修手册和熟练运用用户手册，列举汽车常规维护项目和描述作业流程；
2. 规范地独立完成或双人合作完成汽车常规维护项目的操作；
3. 口头表达清楚正确。

 **技能学习与考核**

一、分组操作

（1）在教师的指导下，班干部组织合理分组：共分为五大组，每组 8 人（每班按 40 人），选出组长 1 名。

（2）本活动以比赛的形式进行，要求独立完成汽车常规维护项目的操作。每人一张评价表，每组组长开始第一轮比赛，每组选派一名同学负责提醒本组同学作业时的不安全操作，其他同学观摩并记录，尽量多发现问题，以便改正提高。

（3）整个活动共有八轮操作，依次按顺序进行。教师巡查，把握全局。

（4）每一轮完成后，各小组派代表总结发言，教师进行点评。视情况可进行多轮比赛，全部完成后，教师总评。

（5）学生在活动过程结束后进行下述内容的总结（包括小组自评、互评及教师评价）

①场地运用方面（参照图 2-61）：_____。

图 2-61 汽车维修作业场地

②设备使用方面（参照图 2-62）：_____。
③工量具使用方面：_____。
④口头表达方面：_____。
⑤团队协作方面：_____。
⑥积极主动性方面：_____。
⑦考勤纪律方面：_____。
⑧安全文明作业方面：_____。
⑨5S 管理方面：_____。
⑩教师总结：_____。

图 2-62 工具整理

二、思考

（1）有的同学平时训练认真，成绩也不错，为什么真正考试时发挥不出来？
_____
_____
_____。

(2) 请判断以下每个语句的正确性：
①通过立即抛弃任何不需要的物品来提高空间的使用效率的做法是 Seiri（整理）。
(   )

②可以随时、方便地获取物品的做法是 Seiri（整理）。   (   )
③使工作场地保持清洁状态的做法是 Seiketsu（清洁）。   (   )
④通过对每件物品的筛选、分类，以使工作场地保持洁净的做法是 Seiketsu（清洁）。
(   )

⑤将员工培训为骄傲的丰田雇员的做法是 Shitsuke（自律）。   (   )

三、考核

完成本任务活动评价表（见表 2-7）。

表 2-7 活动评价表

班级：　　　　　　　　组别：　　　　　　　　姓名：

项目	评价内容	评价等级（学生自评）		
		A	B	C
关键能力考核项目	遵守纪律、遵守学习场所管理规定，服从安排			
	安全意识、责任意识、5S管理意识，注重节约、节能与环保			
	学习态度积极主动，能参加实习安排的活动			
	团队合作意识，注重沟通，能自主学习及相互协作			
	仪容仪表符合活动要求			
专业能力考核项目	按时按要求独立完成工作页			
	工具、设备选择得当，使用符合技术要求			
	操作规范，符合要求			
	学习准备充分、齐全			
	注重工作效率与工作质量			
小组评语及建议		组长签名： 年　月　日		
教师评语及建议		教师签名： 年　月　日		

项目三　车辆首次维护

任务1　车辆各系统组成认识

学习目标

1. 查阅维修手册，列举车辆首次维护的维护项目和描述作业流程；
2. 就车介绍车辆各系统组成与功用。

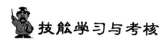技能学习与考核

一、准备活动

（1）使用维修手册，请查阅维修手册，了解车辆的部件名称及位置，并在车辆上找出你所关注的部件。

你关注的部件是：_____。

（2）请教师组织，分享你的经验，你通过描述部件的形状，让其他同学用笔绘制出部件的形状。

注意：每次出来分享经验的同学，描述的部件必须不相同。

（3）请通过语言，与同学分享你关注部件的位置与功用是什么？然后，让别人复述一次给你听，看看自己能否把要表达的内容说清楚。

二、操作步骤

1. 查阅车辆基本信息

（1）通过查阅维修手册，填写出汽车的发动机型号为_____，并根据维修手册上的提示，找出车辆VIN码的位置，填写相关的VIN码为_____。

（2）通过查阅维修手册，找到电线颜色对照，请填写对应符号代表的颜色。

B=_____　　W=_____　　R=_____　　G=_____　　L=_____

（3）通过查阅维修手册，填写你寻找"制动踏板与地板之间的自由行程与间隙"的查寻路径。

目录→_____→_____→_____。

（4）通过查阅维修手册，填写轮胎更换的要求。

每行驶_____km，应进行一次轮胎换位。

2. 车辆系统组成认识

(1) 请查阅维修手册，参照图 3-1 观察车辆，完成以下名称或序号的填空。

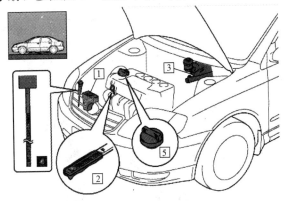

图 3-1 发动机舱部件检查

（　）散热器储液罐
（　）发动机机油油尺
（　）制动总泵储液罐
（　）洗涤器液位尺
（　）机油加注口盖

(2) 参照图 3-2，完成下列作业。

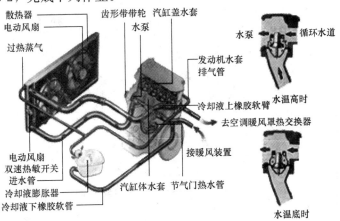

图 3-2 发动机冷却系统

发动机冷却系统的作用是：

_____
_____
_____
_____
_____。

(3) 参照图 3-3 说明汽车制动系统的组成与布置情况。

_____
_____
_____
_____。

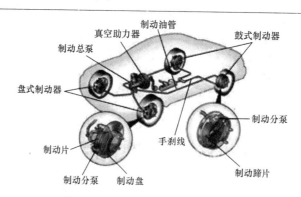

图 3-3　汽车制动系统结构示意图

(4) 参照图 3-4，完成下述作业（将你认为正确的图标号填入括号内）。
（　　）中央手柄型
（　　）拉杆型
（　　）踏板型

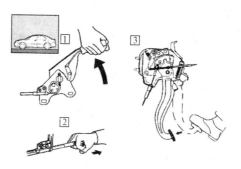

图 3-4　驻车制动杆的类型

(5) 请查阅使用手册，参照图 3-5，完成以下填空。

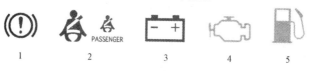

图 3-5　仪表故障灯类型

_____灯
当驻车制动杆被拉起时，它就会变亮。
当制动液液位降低时，它就会变亮。

当柴油发动机的制动管路的真空度降低时，它就会变亮。
当 EBD 系统存在故障时，它就会变亮。

_____灯

当驾驶员安全带没有系紧时，它就会变亮。

_____灯

当充电系统在某处存在故障时，它就会变亮。

_____灯

当发动机控制系统或变速器控制系统存在故障时，它就会变亮。

_____灯

当燃油箱中的燃油接近用完时，它就会变亮。

(6) 请查阅使用手册，查找以下功能开关位置及操作方法，并就车进行操作。

①发动机舱盖开关位置为：_____。

②油箱盖开关位置为：_____。

③后备厢开关位置为：_____。

(7) 结合实车，参考图 3-6，就车介绍发动机舱内的部件名称、功用与位置。

图 3-6　发动机舱内部件

发动机油加注口的编码是_____。

自动变速器油尺的编码是_____。

离合器、制动油的编码是_____。

动力转向油的编码是_____。

水箱加注口的编码是_____。

防冻液辅助水箱的编码是_____。

玻璃清洁液的编码是_____。

雨刮器的编码是_____。

保险丝盒的编码是_____。

蓄电池的编码是_____。

节气门体的编码是_____。

发动机油尺的编码是_____。

(8) 请参考车辆维修手册，参照图 3-7，介绍汽车转向系统的组成。

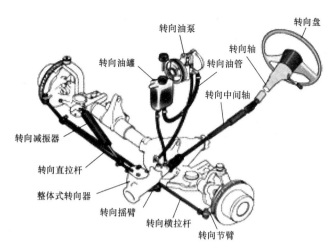

图 3-7 汽车转向系统

_____
_____
_____
_____。

(9) 请查阅维修手册,检索车辆维修维护资料,填写以下问题。
_____品牌汽车首次维护的里程为_____km 或间隔周期_____月。
首次维护项目的主要内容如下:

	项　　目	_____km	
		维护表	其他
维修项目一览	发动机机油		
	机油滤清器		
	蓄电池		
	制动踏板和驻车制动		
	制动摩擦片和制动盘		
	制动液		
	制动管和软管		
	动力转向油		
	方向盘、连接机构、方向机		
	轮胎和轮胎气压		
	灯光、喇叭、雨刮、喷洗器和雨刮液		
	空气净化过滤器(后)		
	底盘、车身螺丝或螺帽		
	电动车窗、中央门锁		
	安全带		
	轮胎换位		
※	维护表是指 OM(车主手册)维护表		
R 表示更换,I 表示检查,T 表示紧固,O 表示换位			
※请严格遵守作业流程进行操作			

注意：

如图 3-8 所示，举升车辆前，将车轮垫木或其他轮胎挡块放在车轮下，以防止车辆移动。车辆顶起后，用安全支架在规定的正确举升点支住车辆，然后再开始工作。此项操作应当在水平地面上进行。

图 3-8 举升车辆

（10）通过查阅资料，参照图 3-9，解释铭牌上的相关内容：

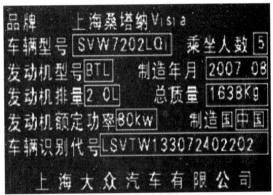

图 3-9 汽车铭牌

_____

_____

_____

_____

_____。

三、评价

（1）请观察仪表板，仪表板上灯亮是否均代表故障情况？有哪些信号属于正常状况信号，哪些信号属于非正常状况信号，请分类。

正常状况信号	非正常状况信号

（2）以下是关于汽油发动机润滑系统的一些说法，哪种是正确的？（　　）

A. 油泵是由传动皮带驱动的，将油泵入发动机的各个部分。

B. 油压开关可检测泵入发动机的机油的速度。

C. 机油滤清器包括一个释放阀以防止由于滤清器阻塞而使发动机机油停止流动。

D. 机油粗滤器安装在发动机循环管路的末端以过滤机油中较小的杂质。

（3）请查阅相关维修手册，轮胎换位一般多少千米实施，为什么？

_____。

四、考核

完成本任务活动评价表（见表3-1）。

表3-1　活动评价表

班级：　　　　　　　　　组别：　　　　　　　　　姓名：

项　目	评价内容	评价等级（学生自评）		
		A	B	C
关键能力考核项目	遵守纪律、遵守学习场所管理规定，服从安排			
	安全意识、责任意识、5S管理意识，注重节约、节能与环保			
	学习态度积极主动，能参加实习安排的活动			
	团队合作意识，注重沟通，能自主学习及相互协作			
	仪容仪表符合活动要求			
专业能力考核项目	按时按要求独立完成工作页			
	工具、设备选择得当，使用符合技术要求			
	操作规范，符合要求			
	学习准备充分、齐全			
	注重工作效率与工作质量			
小组评语及建议		组长签名： 年　月　日		
教师评语及建议		教师签名： 年　月　日		

任务2 首次维护单、派工单的识读与填写

> **学习目标**

1. 了解汽车维修服务流程,能进行简单的接待工作;
2. 识读与填写首次维护单、派工单。

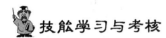

一、相应知识学习

通常,标准接车流程包括12个步骤:
(1) 预约;
(2) 迎接客户;
(3) 问诊;
(4) 填写接车单;
(5) 引领客户进休息室(或送走);
(6) 车辆交给车间派工作业;
(7) 跟踪维修进度;
(8) 车辆维修过程中增加项目;
(9) 详细输入客户资料;
(10) 通知客户提车;
(11) 欢送客户;
(12) 3DC回访。

1. 预约

礼仪要求:应在电话铃响三声内接听电话,应答语言要规范简练,若周围吵嚷,应安静后再接电话。接电话时,要面带笑容,与话筒保持适当距离,说话声大小适度。嘴里不含东西。因为有急事或在接听另一个电话而耽搁时,应向客户表示歉意。

规范用语:"您好!东风悦达起亚为您服务,我是××……","好的,我们给您准备一下,您的车下午×点来这里好吗?""好的!没问题,谢谢!再见。"

2. 迎接客户

流程:出门迎接,用礼貌的方式主动向客户问候,以示欢迎。打开车门,请客户下车,用心聆听客户问题。

规范用语:"您好!先生(小姐)请问有什么需要帮忙?""×先生(小姐)请您下车好吗?""先生(小姐),请您保管好您车上的贵重物品好吗?"

注意事项:接待客户时,要自信,自然;与客户交谈时,要面带笑容,态度诚恳;交

谈中应处处表现出对客户的尊重与关怀；上客户车检查前，必须先提醒客户保管好车上的贵重物品，征求客户同意后，方可上车。

3. 问诊

流程：详细咨询车主车辆状况，必要时做好笔记，接待人员对车主提出故障应首先检查，诊断，参照历史档案。

规范用语："您的车第一次出现这种故障是在什么时候？""像这种情况有多久了？"

4. 填写接车单

要求：写明维修项目及相应维修费用、维修时间、车主联系电话（要求字迹工整、清晰、正确）等。引领车主检查车辆外表、内饰、工具备胎等物件，正常打"√"，差缺打"×"，最后请客户确认签字。

规范用语："先生（小姐）您这次维修项目是……工时费……备件费……其他……约计……请您过目一下，如没问题请您在这签字，如在维修中发现其他的故障，我们再及时向您汇报。谢谢！"

注意事项：必须登记清楚客户提出的问题，不得有漏项、错项，接待人员检查出新的问题时，应立刻禀明客户，征求客户同意，让客户明确所有维修项目及相关维修费用。最后，必须双手将单据递给客户签字。另外，在不确定的情况下，尽量比预计提车时间稍微推迟一点，不要给客户过高的期望，因为一旦不能按时交车，将会影响客户满意度。人员协调、交流，并做出决定。接待员应尽快将意见反馈给客户，争取客户同意。

个别客户要求进维修车间查看车辆时，必须由接待员陪同客户。客户确认后，应尽快引领客户回休息室等候。

5. 引领客户进休息室（或送走）

接待流程：接待员应礼貌地请客户到休息室等候或欢送客户离开（必要时提供备用车）；

规范用语："您好！先生（小姐）请您到休息室，喝杯茶，看看报纸、杂志。等车辆修好后，我们立即通知您"或"您先休息会，等车修好了后我会尽快通知您！"车需要较长时间修好时："请您放心，我们会把车修好，尽快通知您。""您走好！再见！"

注意事项：车辆进厂维修期间，必须遵照公司规定，严禁客户进入维修车间（注意沟通技巧，尽量以公司规定、客户安全角度和避免影响车间工人工作为出发点，婉拒客户）。

6. 车辆交给车间派工作业

流程：车开进车间维修前，必须套上方向套、地毯、座凳套、左右叶子板挡布，把接车单交给车间主管，指明维修项目、更换备件、维修时间及检查项目等。

注意事项：详细说明每一项维修项目，确认派工员已清楚获悉每一项维修项目，并确认预计维修时间是否充足。

7. 跟踪维修进度

配合车间工作人员，了解维修进度。维修过程中发现新的质量问题时，应第一时间与车间工作。

8. 车辆维修过程中增加项目

流程：与车间工作人员协调交流后，如需增加维修项目及增多更换备件，由前台接待通知客户，并由客户认可签字，然后再通知车间维修。

注意事项：增加维修项目及更换备件前必须先征得客户同意，讲明相关维修费用，并由客户签字确认。

9. 输入客户资料

流程：根据接车单以及维修手册，输入客户资料以及维修项目建档，更新。

注意事项：输入客户资料要仔细认真，不得有漏项、错项。输入完毕要检查。

10. 通知客户提车

流程：车辆竣工后通知车主，核对接车单，检验车辆，详细禀明维修项目及相关维修费用后结算。

规范用语："您好！先生（小姐）您的车已修好，我们一起检验一下好吗？"

"这是您更换的备件，您检验一下，一共修了×××元。"

"请您到这边买单；谢谢！"

注意事项：维修车辆未经质检员检验合格不能出厂。质检员为维修车辆第一责任人，车辆未按相关质量要求修理好就出厂的，首先追究质检员的责任，其次才追究维修接待和维修技师的相关责任；结算时要讲究礼仪，先向客户问好（如"××先生/女士，您好！"），双手递交单据。并礼貌地说："先生/女士，您好！您这次维修项目是……工时费……备件费……其他……共计……请您过目一下，如没问题请您在这签字，谢谢！"结账后必须向客户致谢。

11. 欢送客户

规范用语："您慢走！再见！""您走好！再见！""您好！先生（小姐）您的车出厂后有事情请打我们的热线电话，我们会给您最满意服务。"

注意事项：恭送客户上车，招手欢送客户，待客户开车离开一段距离（10～20 m）后，方可返回工作岗位。

12. 3DC 回访

流程：电话回访，聆听用户意见，做好记录。

规范用语："××先生、××小姐您好！我们是××公司××（姓名），您的车辆维修后有什么问题？对我们的服务有什么不满意的地方吗？……打扰您；对不起！谢谢您的支持！"

注意事项：不可在客户休息时间打回访电话；电话访问内容必须简洁。此项工作由专人负责。

维修接待必须严格履行岗位责任制，为用户提供售后服务时，确实做到谁接待谁负责，用户不走，维修接待不离岗。

二、技能学习

1）思考

首次维护是用户购车后按规定的里程（第一次）到授权服务站对车辆进行检查和维护；请根据你的认识，回答汽车为什么要定期维护？第一次维护应该注意什么？

2）单据填写

参照图 3-10，模拟一次客户接车的流程，填写汽车常规维护单、派工单等单据。

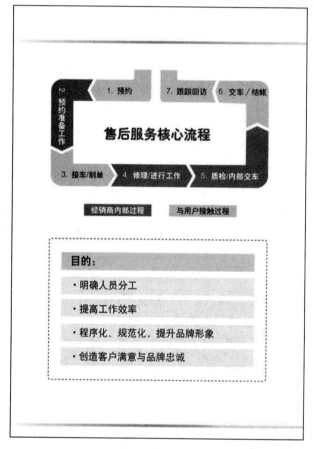

图 3-10　接车流程

（1）出迎及引导。在顾客将车辆驶到维修厂的接待区域时，接待员要及时来到顾客面前，先自动向顾客问好，为顾客打开车门。

（2）问诊表的使用（接车单）

①完整及准确记录顾客的陈述内容，包括故障发生时车辆所处的行驶速度、发动机状态、发生频度、发生时间、部位、天气、路面状况及声音的描述等，估算完工时间和维修金额，顾客签名确认。

②接待员上车前使用三件套（方向盘套、地板纸及座椅套）这项很重要，可以让顾客会感受到爱车的尊贵及我店的服务意识的良好。

③确认外观（包括备胎，灯光，车身漆面）和室内功能的确认（CD 机、时钟、仪表台故障灯，贵重物品的提示，前玻璃升降及门铰位置是否有响声），使用标准外观确认流程。

（3）打维修单和问诊表的内容，为车间提出具体的检查及维修方向，确保维修项目完整输入电脑。

（4）进程的跟踪。主要使用前台看工板和电子管理板（电脑部分），通过对讲机和电话或进车间去确认车辆和维修进度。

（5）结算。接待员在确认维修项目及备注部分和电脑一致后，结算员打结算单，接待员为顾客解释项目和费用的构成．并提醒下次维护的时间及里程。

（6）送车。此项应由接待员去送车，且要目送车主离开后返回工作岗位。

三、考核

完成本任务活动评价表（见表 3-2）。

表 3-2　活动评价表

班级：　　　　　　　　　组别：　　　　　　　　　姓名：

项　目	评价内容	评价等级（学生自评）		
		A	B	C
关键能力考核项目	遵守纪律、遵守学习场所管理规定，服从安排			
	安全意识、责任意识、5S管理意识，注重节约、节能与环保			
	学习态度积极主动，能参加实习安排的活动			
	团队合作意识，注重沟通，能自主学习及相互协作			
	仪容仪表符合活动要求			
专业能力考核项目	按时按要求独立完成工作页			
	工具、设备选择得当，使用符合技术要求			
	操作规范，符合要求			
	学习准备充分、齐全			
	注重工作效率与工作质量			
小组评语及建议		组长签名： 　　　年　月　日		
教师评语及建议		教师签名： 　　　年　月　日		

任务3　首次维护工作准备

学习目标

1. 描述车用机油、滤清器等首保用品的名称、规格、牌号并能正确选择；
2. 描述首次维护工量具及仪器设备的名称、种类、用途及其使用方法，并正确使用。

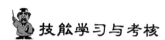技能学习与考核

一、操作步骤

1. 合理布置场地

（1）安全防护用品准备：垫脚布、翼子板布、座椅套、方向盘套、换挡杆套、车轮挡块、尾气抽排装置等。

（2）首保用品准备：机油、机油滤清器、汽油滤清器、空气滤清器、防冻液、玻璃清洗液、制动液、助力转向液、清洗油料、棉布等。

（3）工具类准备：

①专用工具。机油滤清器拆装工具、火花塞套筒、机油接收机、风动工具、扭力扳手、轮胎架等。

②通用工具。套筒、梅花扳手、开口扳手、一字改锥、十字改锥、手钳、吹尘枪等。

③测量工具。专用诊断设备、冰点仪、雨刮器调整设备3358B、轮胎气压测量及加注表、轮胎花纹深度尺、万用表等。

2. 材料准备

车用机油、滤清器等首保用品的名称、规格、牌号并能正确选择。

3. 知识准备

（1）查阅维修手册或根据机油桶上的标识回答以下问题。

①发动机机油的作用有哪些？（　　　）

　A. 润滑　　　　B. 冷却　　　　C. 密封　　　　D. 清洁

　E. 降噪

填写机油型号：＿＿＿＿＿＿＿＿＿＿；

填写机油滤清器型号：＿＿＿＿＿＿。

②以下是VW（上海大众）原厂的机油规范：

所有车型必须使用APISJ或SJ级以上的，牌号为5W—40机油，该要求在产品使用维护说明书中也有相关的描述。之前由上汽大众提供的各种机油的对应配件号和相关标准如下：

小桶（3.5 kg）

SAE API 标准 符合的 VW 集团标准

G 000600 A4 SAE 15W－40 SF/CC

VW－NORM 501.01

VW－NORM 505.00

G 000600 C4 SAE 15W－40 SG/CD/CE/CF－4

VW－NORM 501.01

VW－NORM 505.00

G 000 600 D4 SAE 5W－40 SJ/CF

VW－NORM 502.00

VW－NORM 505.00

SAE 表示机油的_____等级（SAE 是美国汽车工程学会的简称），其后的第一个数字表示其_____时的黏度等级，并用代表"冬天（Winter）"的"W"来标识。第二个数字表示其_____时的黏度等级。

③API 表示机油的质量等级（API 是美国石油协会的简称），第一个字母 S 表示_____，第二个字母依 A、B、C、D、…顺序排列，表示机油的质量由低到高。

相对于"C4"机油，"D4"机油的基础油为合成油而非矿物油，矿物油是从原油中通过物理的方法得出的，炼制较简单。合成油是通过化学合成或精炼加工的方法获得的，其工艺复杂，技术先进，拥有矿物油不可比拟的优势。

④低质润滑油的危害有哪些？（   ）

A. 低质机油抗氧化性能较差，在高温条件下机油容易被氧化并在汽缸活塞环上形成积炭，不易刮净汽缸壁上的机油，严重时还会划伤缸体。同时由于油环上过多的积炭导致活塞环的泄油槽堵塞，存留在活塞环上的机油与燃烧室的高温气体接触后会在缸体内被燃烧掉，俗称"烧机油"

B. 低质机油在温度高时，黏度将不能满足发动机润滑的需要，将会造成发动严重磨损

C. 低质机油在温度低时，黏度比较高，会造成发动机启动时阻力增大，影响发动机的起动性能

D. 低质润滑油会影响发动机的使用寿命

⑤上海大众车可以任意使用汽油和机油添加剂吗？

机油是一种由基础油添加复杂配方（抗氧化剂、黏度改善剂、防泡剂、抗摩擦剂），而成的润滑剂。只要不是伪劣油一般都符合 API（美国石油工程协会）要求，如果任意添加不明成分，将破坏原配方的平衡性，未蒙其利先受其害。

汽车上的三元催化器会因使用未经审核的汽油、机油添加剂中可能含有的硫、磷等成分而中毒，得不偿失。

(2) 查阅维修手册或根据上海大众专用防冻液桶上的标识回答以下问题。

①防冻液的作用有（   ）。

A. 防止冷却液凝固

B. 防止冷却系统部件生锈

C. 防止过热

②防冻液的分类及选用。防冻液有乙醇型、乙二醇型、丙三醇型。乙醇性因为沸点低、易蒸发，已经停用；丙三醇型价格较贵，应用较少；现在使用最普遍的是乙二醇型防冻液。乙二醇型又分为水溶液和浓缩型。一般市面上销售的都是调配好的水溶液，可根据温度要求直接选用，用浓缩型防冻液则需要用软化水调制后方能使用。

③使用防冻液应注意（　　　）。

A. 防冻液及其添加剂均为有毒物质，切勿直接接触皮肤，并置于安全场所

B. 不同型号的防冻液不能混合使用，以免引起化学反应，生成沉淀或气泡，降低使用效果在更换防冻液时，应先将冷却系用净水冲洗干净，然后再加入新的防冻液和水

C. 放出的防冻液不宜再使用，应严格按有关规定处理废弃的防冻液

D. 一般选用防冻液的冰点应低于当地最低气温 10～15℃，以防防冻液失效

E. 禁止直接加注防冻液母液

F. 凡更换缸盖、缸垫、散热器时，必须更换冷却液

④现在普遍使用的防冻液是_____型。

⑤一般选用防冻液的冰点应低于当地最低气温_____，以防防冻液失效。

（3）汽车制动液。常用的进口制动液有 DOT3、DOT4 两种。DOT 是美国汽车安全标准规定标称，其数值越大，级别越高。DOT3 与 DOT4 的不同之处主要在于沸点不同，DOT4 比 DOT3 更耐高温。这种常用的制动液吸湿性较强。制动系统虽然进不了水分，但制动液使用一段时间以后会吸收相当的水分。制动液中水分越多，沸点越低。为了保证行车安全，制动液应定期更换（一般两年需更换一次）。

由于制动液吸收水分，所以已开封放置多年的制动液不要使用。

国产制动液可依据其平衡回流沸点和原料不同进行分类，如图 3-11 所示。

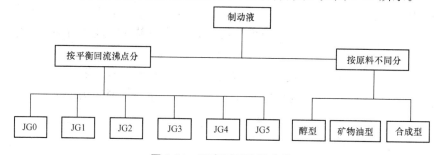

图 3-11　国产制动液的分类

使用制动液时应注意以下事项：

①制动液是直接关系到汽车运行安全性的产品，使用中应严格遵从制造厂商的规定，使用正确牌号的制动液。

②不同牌号的制动液不可混用。

③由于制动液具有很强的吸湿性，因此不能暴露在空气中。知道系统中的制动液也应定期更换，更换时必须对整个系统进行清洗。

（4）查阅资料，回答以下问题：

①常用的进口制动液有_____、_____两种。DOT 是美国汽车安全标准规定标称，其数值越大，级别越高。

②为了保证行车安全，制动液_____km需更换一次。
③不同牌号的制动液_____（不可、可以）混用。
④国产制动液按原料不同可以分为_____、_____、_____。

（5）液力传动油。液力传动油（也称为作自动变速箱油，国外称为ATF油），是液力传动装置的工作介质。

国外液力传动油分为PTF－1、PTF－2、PTF－3三种。

国产液力传动油的分类。国内按100℃运动黏度将液力传动油分为6号和8号两种，其与国外传动油的基本对应关系见表3-3。

表3-3 液力传动油分类标准

国外分类	国内分类	应用范围
PTF－1	8	轿车、轻型货车自动传动油
PTF－2	6	越野车、载货汽车、工程机械
PTF－3		农用和建筑野外机械

（6）查阅资料，回答以下问题：
①液力传动油也称为_____，国外称为_____油，是液力传动装置的工作介质。
②国外液力传动油分为_____、_____、_____三种。
③国内按100℃运动黏度将液力传动油分为_____号和_____号两种。

（7）玻璃水。所谓玻璃水就是汽车挡风玻璃清洗液的俗称。属于汽车使用中的易耗品。优质的汽车风挡玻璃水主要由水、酒精、乙二醇、缓释剂及多种表面活性剂组成。

玻璃水具有以下功能：
①清洗性能。车窗净是由多种表面活性剂及添加剂复配而成。表面活性剂通常具有润湿、渗透、增溶等功能，从而起到清洗去污的作用。
②防冻性能。有酒精、乙二醇的存在，能显著降低液体的冰点，从而起到防冻的作用，能很快溶解冰霜。
③防雾性能。玻璃表面会形成一层单分子保护层。这层保护膜能防止形成雾滴，保证风挡玻璃清澈透明，视野清晰。
④抗静电性能。用车窗净清洗后，吸附在玻璃表面的物质，能消除玻璃表面的电荷，抗静电性能。
⑤润滑性能。车窗中含有乙二醇，黏度较大，可以起润滑作用，减少雨刷器与玻璃之间的摩擦，防止产生划痕。
⑥防腐蚀性能。车窗净中含有多种缓蚀剂，对各种金属没有任何腐蚀作用，汽车面漆、橡胶、绝对安全。

常用的玻璃水有三种：第一种是夏季常用的，在清洗液里增加了除虫胶成分，可以快速清除撞在挡风玻璃上的飞虫残留物；第二种是专为冬季使用的防冻型玻璃清洗液，保证在外界气温低于零下20℃时，依旧不会结冰冻坏汽车设施；第三种是特效防冻型，保证在－40℃时依旧不结冰，适合我国最北部的严寒地区使用。

与其他的养护项目相比，汽车挡风玻璃清洗的确是一项小工作。但是它却和驾驶员的视线息息相关，所以在选择玻璃水的时候以下几点不能忽视。

首先，秋冬季节玻璃水应该具备优秀的清洗和防冻性能。冬季玻璃水是以防冻性能作为选择的基准，应该选择冰点低于当地最低温度10℃以上的玻璃水。不然会造成玻璃水冻住、喷水壶水泵故障等问题。可根据当地的温度进行选择，正规品牌的产品会以温度划分几个不同的级别，根据季节变化进行选择。

其次，玻璃水还应该具备对挡风玻璃和雨刮器的保护性能。也就是说，在正常使用过程当中对车辆进行保护与护理。目前市场上，一些品牌玻璃水通过调配多种表面活性剂及添加剂，独具修复挡风玻璃表面细微划痕的作用，通过形成独特的保护膜，以达到对挡风玻璃的全面呵护。特别添加的多种缓蚀剂，对各种金属都没有腐蚀作用，保护了汽车面漆、雨刮器及橡胶的安全。

另外，针对北方车主而言，由于北方气候的独特性，在驾驶当中驾驶者的视线很容易受到光的折射和雾气、静电的影响，给驾驶带来安全隐患。所以，车主在购买玻璃水时，要求尽可能选择具备快速融雪融冰和防眩光、防雾气、防静电功效的产品。

（8）查阅资料，回答以下问题：

①汽车风挡玻璃水主要由_____、_____、_____、_____及多种表面活性剂组成。

②玻璃水有_____、_____、_____、_____、_____、_____六种功能。

4. 工具检查

对照实物认识手动工具、仪器，并能正确使用。

	名称：_____ 用途：_____ _____
V.A.G 1332	名称：_____ 用途：_____ _____
Hazet 6292-1(40-200Nm)	名称：_____ 用途：_____ _____ 测量范围：_____

续表

 (图)	名称：_____ 用途：_____ _____
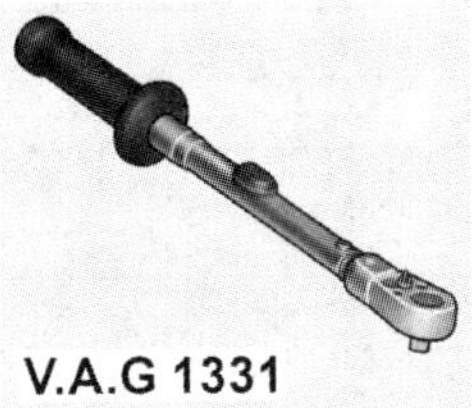 V.A.G 1331	名称：_____ 用途：_____ _____
 Hazet 6290-1 （5-50Nm）	名称：_____ 用途：_____ _____
 (图)	名称：_____ 用途：_____ _____
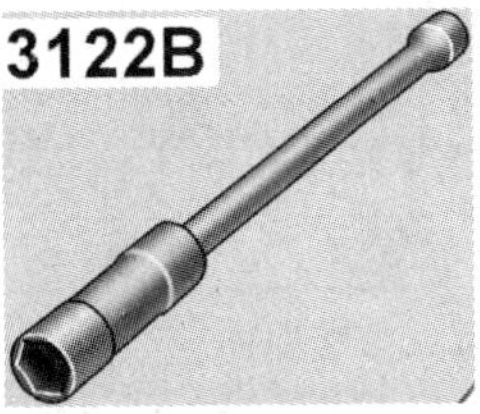 3122B	名称：_____ 用途：_____ _____

85

续表

Hazet 1849	名称：_____ 用途：_____ _____
Hazet 4766-1	名称：_____ 用途：_____ 测量范围：_____
	名称：_____ 用途：_____ _____
	名称：_____ 用途：_____ _____
	名称：_____ 用途：_____ _____
	名称：_____ 用途：_____ _____

续表

	名称：_____ 用途：_____ _____
	名称：_____ 用途：_____ _____
	名称：_____ 用途：_____ _____
	名称：_____ 用途：_____ 测量范围：_____

续表

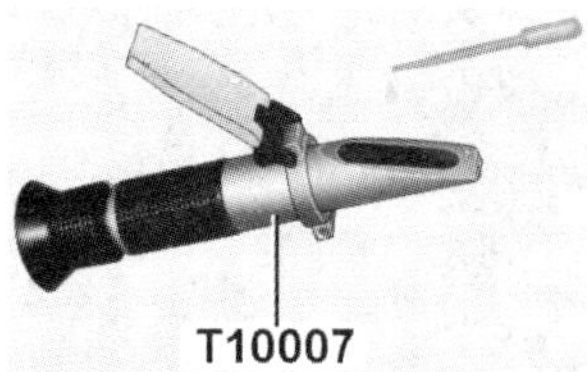	名称：_____ 用途：_____ _____ 测量范围：_____
	名称：_____ 用途：_____ _____ 测量范围：_____
	名称：_____ 用途：_____ _____ 测量范围：_____
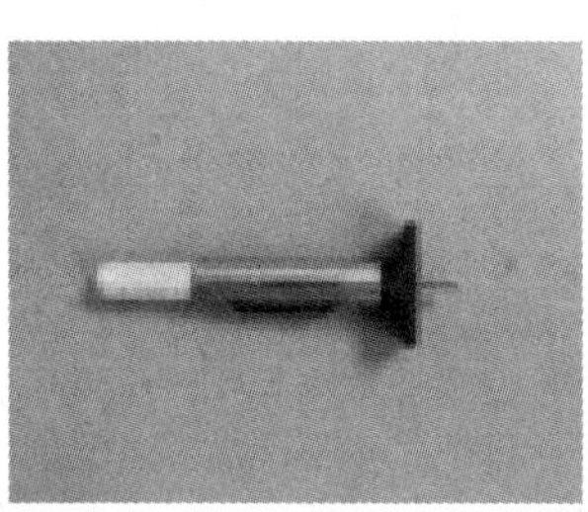	名称：_____ 用途：_____ _____ 测量范围：_____

5. 车辆准备

机修工接到任务单，首先识读理解任务单内容，按要求把车辆开到所需工位上。维护车就要开到车辆举升机上进行维护。车辆首保安排两个机修工完成。

（1）预检准备。甲、乙机修工分工合作，把需维护车辆安全开到所需工位上（注意：车辆在车间行驶速度不得大于 5 km/h）。

①检查前将地毯、罩等放入用户的车辆内,防止灰尘或划伤,准备开始检查。
②驾驶员座椅
a. 放上座椅套(图3-12)。
b. 放上地毯垫。
c. 放上方向盘罩。
③车辆的前部
a. 打开发动机盖。
b. 放上翼子板布。参照图3-13,摆放翼子板布,请参照维修手册,按检查项目确定摆放位置。

图3-12 安装坐垫套

图3-13 安装翼子板布

c. 放上前盖。
d. 用车轮挡块挡住车轮。

(2)预检。如图3-14所示,在检查内部和外部时,以检查驾驶员座椅项目(位置1)开始,然后按照图中指示顺序方向,将车辆四周彻底检查一遍。可按图3-15所示流程进行预检。

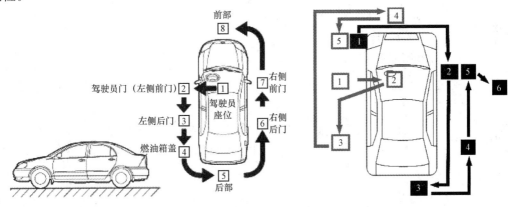

图3-14 预检工作流程(一)　　　　图3-15 预检工作流程(二)

(3)车辆举升前外部检查。机修工协调分工,各就各位,各司其职,相互配合,完成车辆首保作业,需两人进行配合。

你是否检查到什么问题吗?请记录:

_____

_____

_____ 。

请将你发现的问题与教师及同学分享,并向他们咨询原因。

_____

_____

_____ 。

二、考核

完成本任务活动评价表(见表3-4)。

表3-4 活动评价表

班级:　　　　　　　　组别:　　　　　　　　姓名:

项　目	评价内容	评价等级(学生自评)		
		A	B	C
关键能力 考核项目	遵守纪律、遵守学习场所管理规定,服从安排			
	安全意识、责任意识、5S管理意识,注重节约、节能与环保			
	学习态度积极主动,能参加实习安排的活动			
	团队合作意识,注重沟通,能自主学习及相互协作			
	仪容仪表符合活动要求			
专业能力 考核项目	按时按要求独立完成工作页			
	工具、设备选择得当,使用符合技术要求			
	操作规范,符合要求			
	学习准备充分、齐全			
	注重工作效率与工作质量			
小组评语 及建议		组长签名: 　　　年　月　日		
教师评语 及建议		教师签名: 　　　年　月　日		

任务4　发动机舱的首次维护

学习目标

1. 描述首次维护相关部件的拆卸、测量、装配方法，并能熟练规范完成首保作业；
2. 确认首次维护项目的完成情况及车辆检查信息，并填写首次维护单和派工单反馈信息，签字明确工作责任，且内容齐全、外观整洁。

技能学习与考核

一、蓄电池的正确使用

（1）长期不用的汽车每隔5天左右应将汽车发动起来，用手油门控制中等转速20 min左右，如果放置时间太长，蓄电池将自然放电，等用车时汽车将无法起动。

（2）不要随便给汽车更换比原来蓄电池容量大的蓄电池，因为汽车上的发电机发电量是固定的，发电量不会增大，如换了容量大的蓄电池会使蓄电池充电不足，汽车不能顺利起动，蓄电池长期亏电，寿命大大减少。

（3）起动汽车时每次起动时间不超过3~5 s，再次起动间隔不少于15 s，如多次起动仍不着车，需检查起动电路，如起动机吸拉线圈及点火电路等。

二、发动机舱首次维护项目

发动机舱首次维护项目见表3-5。

表3-5　发动机舱检查及维护项目

序号	维护项目及内容	维护检查情况		
		标准值	测量值	是否正常
1	发动机舱所有部件			
2	检查制动系统管路是否泄漏及液面高度，必要时加注			
3	检查冷却系统是否泄漏，冷却液液位及防冻能力；必要时补充原装冷却液	−35℃		
4	检查助力转向系统是否泄漏及液面高度，必要时加注			
5	检查雨刮/清洗装置：加注清洗液			
6	检查蓄电池：观察蓄电池上电眼，使用MCR 341V检查蓄电池状况，检查正负极连接状态	<10 V		
7	检查发动机机油液位			
8	空气滤清器：清洁罩壳和滤芯			

续表

序号	维护项目及内容	维护检查情况		
		标准值	测量值	是否正常
9	发动机舱：目测各零件是否有损坏或泄漏			
10				
11				
12				
13				
14				
备注：根据车型不同，新增维护项目可在空格内填写				

三、操作步骤

1. 检查发动机舱盖

1) 打开发动机机舱盖

(1) 如图 3-16 所示，拉动位于仪表板下方左侧沿的扳手，使发动机舱盖锁钩解锁。

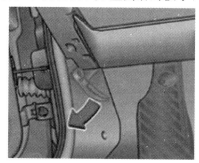

图 3-16 拉动扳手

(2) 如图 3-17 所示，略微抬起发动机舱盖，箭头方向拨动锁钩使锁钩脱开，然后抬起发动机舱盖。

注意：在开启发动机舱盖之前要注意，前风窗刮水器刮臂应贴合在风窗玻璃上，否则有可能会损坏发动机舱盖漆面和刮水器刮臂。

(3) 拉起支撑杆，将上端插入机舱盖上的支撑孔中，支撑好机舱盖，如图 3-18 所示。

图 3-17 解除挂钩

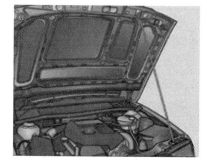

图 3-18 支撑机舱盖

2）关闭发动机机舱盖

将发动机机舱盖略微抬高，推出支撑杆并将其固定在撑杆夹中。让发动机机舱盖在离闭合位置约 30 cm 的高度处自由落下并锁上（不要用手压下）。向上轻抬发动机机舱盖检查是否闭合。若未闭合，则重复上次动作。

2. 检查发动机机油

1）检查目的

在更换机油前检查原机油是否短缺，如缺少，应分析缺少原因。

2）检查步骤

（1）检查发动机机油液位时必须先关闭发动机，车辆置于水平位置，至少等候 5 分钟，以使机油充分回流到油底壳中。

（2）拉出油尺，用干净的抹布擦拭后重新插入至极限位置。

（3）重新拉出油尺并读取油位数据，如图 3-19 所示。

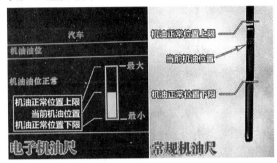

图 3-19　机油尺读数

实际操作后完成下述作业：

（　　）区，必须添加机油；（　　）区，不必添加机油；（　　）区，不得添加机油。

提示：

①机油液面如超过 C 区，有损坏发动机的危险。

②必须使用 API 标号 SJ 级或 SJ 级以上的机油。牌号为 SAE 5W－40 或符合 VW 502 00 标准的机油。

③机油加注量：3.8 L，不经常使用的车辆建议每 9 个月更换一次机油。

3）发动机机油滤清器的更换

（1）使用机油滤清器专用扳手，拆下机油滤清器，如图 3-20 所示。

用机油滤清器扳手 Hazet 2169 将滤清器旋下
⇒ 修理组02　发动机机油：排放或抽吸，加注；更换机油滤清器

图 3-20　拆下机油滤清器

（2）清洁发动机缸体上的结合面。

（3）在新的滤清器橡胶密封件上涂_____，使之拧上后产生最佳的密封效果。

（4）起动发动机，检查是否有泄漏。

（5）添加机油后至少等待 5 分钟，然后检查机油油位。

阅读短文并回答下面问题：

发动机机油及机油滤清器对发动机性能的影响

1）机油对发动机的重要性

发动机工作时，各零件的相对运动表面（如曲轴与主轴承、活塞与汽缸壁）之间必然产生摩擦。这种摩擦不仅会增大功率消耗，使零件工作表面迅速磨损，而且由于摩擦会产生高温，使零件表面烧损、粘连，致使发动机无法运转。润滑不良会直接导致发动机出现粘缸、抱轴等严重问题。

①为了确保发动机正常工作，必须对各运动表面进行润滑，使各表面形成润滑油膜，以减少摩擦阻力和磨损，延长发动机的使用寿命。流动的机油不仅可以带走摩擦面上的磨屑和杂质，还可以冷却摩擦面，防止由于零件过热膨胀使正常的零件间的间隙变小加速磨损甚至卡死。活塞环和缸壁上的油膜还可以提高汽缸的密封性。以上就是机油的四个主要功能：清洗、润滑、密封、冷却。

②机油都有一定的寿命，超过规定的使用里程后，机油会因为氧化和清洁分散性能下降而导致黏度明显增大，引起机油滤清器和油路堵塞，导致发动机各零件得不到润滑而损毁。所以，应定期更换机油。

2）机油滤清器的作用

①机油滤清器在发动机使用过程中，灰尘、金属磨屑等机械杂质将不断混入机油中，同时空气及燃烧的废气对机油的氧化作用，也会使机油逐渐产生胶质，机械杂质与胶质混合还会形成油泥，这不仅会加速运动零件的磨损，而且易造成油路堵塞。为确保机油的清洁，发动机在润滑系中装有机油滤清器。

②当更换润滑油时必须同时更换机油滤清器，否则会影响新加入的润滑油的质量。

回答问题：

1）机油的主要功能有_____、_____、_____、_____。

2）为什么要定期更换机油？

3）更换机油时，为什么要连同机油滤清器一起更换？

_____

_____。

3. 冷却系统检查

检查目的：检查冷却系统是否泄漏，预防冷却液冬季结冰，必要时补充冷却液，防止冷却系统出现故障。

1）测量防冻液冰点

用 T10007 测试防冻液的冰点。在选择或配制防冻液时，其冰点应该比该地区最低温度低 10℃ 左右，以确保在特殊情况下防冻液不会冻结。车辆在长时间使用过程中，防冻液会有一定消耗，可能会导致其冰点产生变化。因此，在维护过程中有必要对冰点重新测定，以确保该维护车辆在冬季不会发生冻结。

如果出现不明原因的液体损失，须查明原因并且排除故障。

标准值：_____（冷却液原液和水的混合物比例为 1：1）；

极寒地区（低于－35℃），根据当地温度使用合适比例原装冷却液。
提示：
①使用折射计 T10007 检测冷却液冰点数值，如图 3-21 所示。

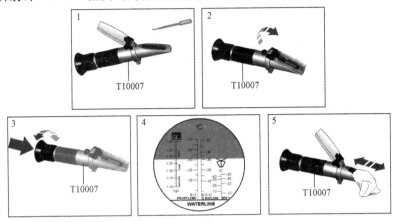

图 3-21　折射计的使用

②必须使用防冻防腐剂 G12（粉红色）。
③折射计刻度－1－针对冷却液添加剂 G12。刻度－2－针对的是冷却液添加剂 G13。
④北方地区必须保证防冻能力最低至－25℃，个别地区达到 －35℃。
⑤如出于天气原因需要更强的防冻力，可提高 G12 的比例。但如果 G12 的比例超过 60％（防冻能力：－40℃），其防冻能力又会减弱并降低发动机的冷却效果。

2）思考
（1）检查冷却液液位时发动机应处于（　　）态。
　　A. 热　　　　　B. 冷
（2）检查维护时冷却液液位应位于_____位置。
　　A. 上刻度　　　　　　　　B. 下刻度
　　C. 上刻度与下刻度之间　　D. 下刻度以下
（3）为何要进行防冻液冰点检查？
_____
_____
_____
_____。
（4）冷却液添加剂 G12 使发动机具有（　　）特性。
　　A. 冻　　　　B. 腐　　　　C. 垢　　　　D. 高沸点

冷却液务必全年加注使用。特别是热带地区，冷却液的沸点升高有助于发动机高负荷运行的安全性。即使在温和的季节和地区，也不得用添加水的办法来降低冷却液的浓度。冷却液 G12 与水比例不得少于 40％。

安全注意事项：
当发动机热的时候，禁止直接拧开散热器或膨胀水箱盖，这会导致冷却液沸腾并飞溅出来，导致烫伤！

3）技术支持

（1）专用防冻液的作用与特点

①水箱内要添加防腐防沸防冻液。

②防止发动机内部锈蚀，此点尤其对铝合金发动机更为重要，不当的防腐防沸防冻液会造成锈蚀，不但会损坏发动机，还会因锈屑阻塞发动机冷却水道和散热水箱而造成发动机过热。

③防冻，在极寒地带，水因低温而结冰，体积膨胀，导致水箱甚至发动机体破裂，如东北、新疆、内蒙古等地。

④提高冷却水沸点，由于发动机工作在适当温度（95℃～105℃）才能发挥；故一般清水并不适合，防腐防沸防冻液可提高沸点至约120℃。

⑤防腐防沸防冻液与水常用混合比为4：6时，冰点约为－25℃，防冻液过量后反而会提高冰点。

⑥大众的原厂防腐防沸防冻液G12（红色），但不可和其他类型防腐防沸防冻液混用，否则会损坏发动机。

⑦加水混合时，必须使用纯净水。

（2）防冻液的使用注意事项

①发动机冷却系统中的冷却液是由水和40%～60%的冷却液添加剂混合而成，不仅能提供－25℃～－40℃的防冻保护，而且能防止冷却系统中的金属零件腐蚀，还可防止结垢并显著提高冷却液沸点。

②冷却液添加剂需常年使用，即使在比较温暖的季节，冷却液添加剂比例至少要占冷却液的40%，如果因为气候原因，需要加强防冻保护，可以提高冷却液添加剂的比例，但不能超过60%，否则防冻能力反而会下降，而且冷却能力也会下降。

③为防止发动机冷却液因不同型号混加而无法追溯，建议尽量使用单一型号的冷却液添加剂。

④防冻液中不要添加含有矿物质的自来水，因为自来水内部的矿物质在高温后会凝结成大量的水垢，严重影响发动机的散热，应该添加清洁的蒸馏水。

⑤冷却系统零件上产生大量水垢沉积使发动机水温偏高，影响冷却系统以及发动机的正常工作。冷却系统中水垢的主要物质是碳酸钙、硫酸钙、碳酸镁及磷酸钙等，而钙、镁离子主要来源冷却液中直接添加的矿物质含量较高的自来水或河水。

⑥冷却系统管路及水泵中产生大量的颗粒状沉积物使水泵早期损坏使冷却液无法正常循环。使用/添加不符合上海大众规定冷却液添加剂，劣质的冷却液添加剂会产生化学反应，在冷却系统中形成沉积物。

⑦冷却液防冻能力下降，使发动机在冬季温度较低时出现冰冻，甚至导致刚体开裂。冷却液防腐蚀能力下降，发动机金属部件被腐蚀，引起严重的发动机故障。不按规定的比例使用/添加冷却液添加剂，使防冻液不能有效发挥其降低冰点和提高沸点以及防止腐蚀的作用。

（3）进行泄漏测试必要性

进行冷却系统泄漏测试时，是在一定压力（一般冷却系统所遇到的最大压力）下进行的。因此，通过此项测试的冷却系统在极端情况下也不会产生泄漏，从而保证用户放心使用。

4）回答下列问题

冷却液中的水垢是怎样产生的？会不会影响发动机正常运转？

_____

_____

_____

_____。

4. 检查清洁空气滤清器罩壳和滤芯

1）检查目的

空气滤清器的清洁度对发动机运行至关重要。

2）技术支持

阅读短文并回答下面问题：

（1）在清洁和更换空滤器的同时，注意空滤器壳体内表面的清洁。

（2）在吸入空气与燃油混合之前，空气滤清器滤去空气中灰尘及其他杂物，从而保证了吸入空气的清洁。再微小的颗粒污垢，吸入汽缸后，也会导致发动机相关内部零部件的严重磨损。因此，空气滤清器性能对发动机至关重要。

（3）使用一段时间后，空气滤清器内会吸附大量的粉尘、颗粒，应及时更换。否则会因灰尘堵塞进气道，增加进气阻力，减少发动机的进气量，使发动机输出功率下降。更有可能吸入颗粒，对发动机零部件，特别是涡轮增压泵中的叶轮造成损害。

（4）更换空气滤清器的滤芯时，还应同时清洁滤清器的内表面。滤清器内表面也吸附有灰尘和污物，如果不清洁滤清器内表面灰尘，则在更换滤芯后就有可能因吸入这些灰尘而使滤芯过早饱和，甚至很快就失效。因此，必须对滤清器内表面进行清洁。

回答下列问题：

（1）首次维护时为何只需清洁空气滤清器而无需更换？

_____

_____

_____。

（2）清洁空气滤清器对发动机有哪些好处？

_____

_____

_____。

（3）怎样识别空气滤清器的好坏？

_____

_____

_____。

5. 检查蓄电池

1）检查内容

参照图3-22，观察电眼显示情况，正负极连接是否牢固，用专用工具检查蓄电池状况。

图 3-22　检查蓄电池

2）检查目的

判断蓄电池的技术性能。

3）目测检查

（1）判断：

①外壳是否损坏；

②接线柱是否损坏、松动；

③"电眼"提供的蓄电池酸液位状态。

说明：该车型使用免维护铅酸蓄电池，带"电眼"。

（2）"电眼"的作用：

①显示蓄电池的充电状态；

②显示电解液的液面。

（3）可能有三种不同的颜色显示：

（　　）→蓄电池已充满电。

（　　）→没有电荷或电荷过低，蓄电池必须充电。

（　　）→必须更新蓄电池。

（4）图3-23中蓄电池型号为6－QW－54。

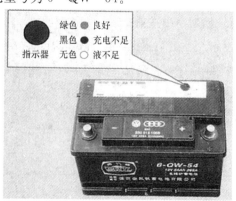

图 3-23　蓄电池

"6"表示_____；"Q"表示_____；
"W"表示_____；"54"表示_____。

4）提示

(1) 免维护铅酸蓄电池所使用的电解液是含有硫酸的硅胶体电解液。

(2) 硅胶体电解液具有腐蚀性。如果蓄电池壳体破裂，电解液流出，周围的电器、线路、各种管路都将受到侵蚀，后果极为严重。

5）安全分析

案例：汽车无法起动

车型：桑塔纳轿车

故障现象：起动发动机时，起动机不旋转，但能听到磁力开关吸合声。

故障诊断与排除：根据故障现象判断应该是起动系统的问题。首先检查蓄电池，从外观上查看蓄电池表面存在很多污垢，正负极桩腐蚀严重。用万用表测量蓄电池电压低于9.5 V，同时用高率测试仪进行测试达不到要求。初步判定故障在蓄电池上。将蓄电池从车上拆下，将蓄电池加液孔盖打开，查看电解液高度，发现电解液低于极板高度。对蓄电池外观进行了清洗，清洁极桩，补充了蒸馏水，进行了补充充电维护作业。将蓄电池装到汽车上，反复起动汽车正常。

分析：出现此类故障主要原因在于不注意对车辆进行定期的维护。车辆不是出现故障才要去维修企业的，平时要做好维护工作。所以，要经常检查蓄电池表面清洁程度，电解液的高度、密度等，保证蓄电池的正常工作。

6）技术支持

阅读短文并回答问题：

(1) 蓄电池电极与电池内的极板相连，是蓄电池为用电设备提供电能的接口。

(2) 极板是蓄电池储存电能的主要部件，它做成栅架（网架）形式，上面沾满活性物质。蓄电池的充电和放电，靠正负极板上活性物质与硫酸溶液的化学反应来实现的。

(3) 蓄电池安装在汽车的安装座上，要求紧固牢靠，汽车在高低不平的路上颠簸行驶时，蓄电池不得在安装座中上下左右窜动撞击，以免壳体震裂、接线头松动和内部极板受损。

(4) 蓄电池正负极上的螺栓要按照规定扭矩上紧，不能有松动。如果连接处松脱，接触电阻增大，从而造成电机起动无力或无法起动。

(5) 还有一个容易被忽略的地方，就是接线柱与连接导线接头之间的两个接触表面，是否有严重氧化或污垢，若有，则即使连接螺母没有松动，电流流过此处时电阻仍很大，照样会造成电机起动困难或无法起动。应仔细检查。

并回答问题：

(1) 说出蓄电池电极腐蚀的原因。

_____

_____。

(2) 如果蓄电池极桩松动，会造成什么故障现象？

_____

（3）说出蓄电池极桩的规定拧紧力矩。

7）用专用工具检查蓄电池状况

说明：

①电瓶测试仪（图3-24）采用电导测试方式，精确、安全、快速、简便。

②不放电，不发热；

③测量时电池无需满充（MCR-430/460 可测量低至1 V 的电池）；

④可连续、重复、多次测量，测试完毕无需充电。

图3-24 电瓶测试仪

（1）测量时间是否有规定？为什么不能太长？

（2）写出测量电压的标准值，低于标准值应怎样处理？

（3）发动机运转时，蓄电池电压应在_____～_____ V之间。

（4）充电时，使用专用充电机。仔细阅读专用充电机使用说明书，将用专用充电机的充电的步骤描述在下面：

6．检查助力转向液

1）检查内容

转向液液面、助力转向系统是否泄漏，必要时加注。

2）检查目的

转向系属汽车安全系统，应保证转向系正常工作。

3）技术支持

(1) 参照图3-25，观察实车转向系统并完成以下填空：

转向助力泵—（　　）

控制阀总成—（　　）

轮齿条机构及液压缸—（　　）

液压软管—（　　）

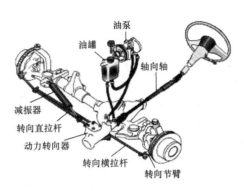

图 3-25　转向系统

(2) 说明：

①助力转向系统的工作介质为液压油。液压油的检测尤为重要。

②如果助力系统出现泄漏，则助力系统将失效，无法实现助力的功能。如果在行驶中失效，就有可能产生严重的后果。

③如果液压油面过低，有可能产生工作中液压系统无法得到足够的补充油液，出现突然失效。

④液压管路不固定，在行驶过程中就会摇摆，与周围的部件碰触、摩擦，使其过早老化、磨损，甚至破裂，导致系统失效。

⑤发生过碰撞的事故车辆，在其碰撞部位要仔细检查管路是否受损、泄漏。剧烈碰撞对系统管路和部件都有可能造成损伤。如果某一处出现泄漏，则整个系统将失效。

4）检查步骤

(1) 关闭发动机，将助力转向器液压油加注至_____位置。

提示：起动发动机，注意油罐内的液面变化。只要液面还在下降就应 不断加注，直到液面停留在"MAX"位置并且储液罐内不再冒气泡为止。

(2) 将方向盘朝左右两侧转至极限位置，在瞬间停留，以产生最高管内压力。

(3) 检查分配阀、齿条密封、叶轮泵、油管接头是否漏油。

提示：

①液压油泄漏会引起_____和发动机冷起动有轰鸣声等现象，所以首保时应检查

动力转向系统的全部油管和接头是否有泄漏痕迹。

②动力转向系统泄漏分＿＿＿＿＿泄漏和＿＿＿＿＿泄漏两种。

③检查外部泄漏。先将可疑部位、各油管接头及密封处擦干，然后再查看是否有泄漏。有时滴液点不一定是系统泄漏点，这时应起动发动机，左右转动转向盘数次后再察看滴液点。为防止这种外部泄漏的发生，各油管接头必须拧紧，各压板、卡箍和油管支撑必须全都位于应处位置并被正确固定。

④检查内部泄漏。将压力表接到动力力转向系统中，先打开压力表阀门，向左和向右将转向盘均转到底，并记录最高油压值。如在最高油压下，转向盘转到左右极限位置时油压不同，说明动力转向系统有内部泄漏，应解体维修动力转向系统。

⑤动力转向系统的管路有＿＿＿＿＿和＿＿＿＿＿之分，两种管路均不能有扭曲、结节或硬弯现象。软管必须有足够的弯曲部分，以便车辆运行时，吸收位移并补偿软管的收缩。检查软管时，车轮应先处于正前方位置，然后将车轮向左和向右转到极限位置，同时察看软管的移动情况。如果软管与车辆其他部件有接触，会发生摩擦和磨损，应予以纠正。

⑥当动力转向系统更换部件和排除系统故障后或动力转向系统出现＿＿＿＿＿时，应对动力转向系统进行排气，否则将影响动力转向系统的正常工作。在进行排气前，应先排除系统中＿＿＿＿＿的部位，消除动力转向系统故障。

7. 检查制动系统

1）检查内容

制动液液面、制动液管路是否泄漏，必要时加注。

2）检查目的

制动系属汽车安全系统，保证制动系正常工作。

3）说明

①制动系统的工作介质为液压油。液压油的检测尤为重要。

②如果制动系统出现泄漏，则系统将失效，无法实现制动的功能，在行驶中失效，就有可能产生严重的后果。

③如果液压油面过低，有可能产生工作中液压系统无法得到足够的补充油液，出现失效，从而导致更为严重的后果。

④液压管路不固定，在行驶过程中就会摇摆，与周围的部件碰触、摩擦，使其过早老化、磨损，甚至破裂，导致系统失效。

⑤发生过碰撞的事故车辆，在其碰撞部位要仔细检查管路是否受损、泄漏。剧烈碰撞对系统管路和部件都有可能造成损伤。如果某一处出现泄漏，则整个系统将失效。

4）操作步骤

（1）参照图3-26，检查下列部位：

①制动主缸；

②制动助力器（ABS系统：液压单元）；

③制动钳。

（2）检查制动液液位。

（3）在实车上观察制动系统，回答下述问题：

①ABS的含义：＿＿＿＿＿＿＿＿＿＿＿＿＿＿＿＿＿＿＿。

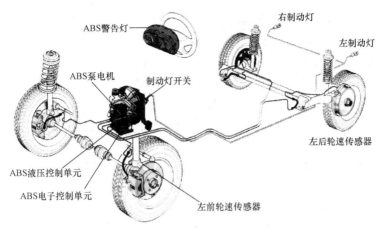

图 3-26 轿车制动系统布置示意图

②液压组成包括：制动总泵、_____、_____、制动软管、_____、制动盘、制动蹄等部件。

③电控系统包括：ABS电脑（ECU）、_____、_____、轮速传感器等部件。

④汽车上的制动系统大多采用液压传动，即通过制动主缸将油压传送到制动分泵上，再将制动力传递到车轮上，制动分泵泄漏会使得油压_____，制动力得不到保障，从而影响制动效果和行车_____。

（4）检查制动管路：

①不得扭转制动管路；

②转向机处于最大转向角时，制动液软管不得与周围零件触碰；

③检查制动软管是否老化；

④检查制动软管和制动管路是否擦伤；

⑤检查制动软管的接头和固定夹是否牢靠、泄漏和腐蚀；

⑥发现故障必须排除。

思考：制动分泵是否泄漏？

5）技术支持

（1）ABS（Anti Lock Break System）。中文：制动防抱死系统。

当汽车紧急制动时，车轮会抱死致车轮打滑，不但产生噪音及机件、轮胎的磨损，并且会导致方向盘失灵，如果发生在湿滑路面则制动距离反而更长。而 ABS 即为克服上述问题所设计的：它运用高速反应的电子系统，在车轮抱死前自动控制制动油压，以确保车轮在任何路面状况下（尤其是湿滑路面）不会抱死，故紧急制动时，驾驶员可放心地踩下制动踏板而专心操控，闪避危险路况，大幅提升行车安全。

ABS 的优点：能缩短制动距离，紧急制动时，由于车轮不抱死，使前轮仍有转向能力，便于车辆转向控制。提高车辆制动稳定性，防止制动时车辆跑偏，减少轮胎磨损。

（2）EBD（Electronic Braking-pressure Distribution）。中文：电子制动力分配系统。

EBD 为 ABS 的附加系统，其作用先于 ABS，以减少不必要的 ABS 动作。在车辆制动时，由于重心转移会导致车头下压、车尾上扬，幅度视车主踩制动踏板的力道大小而定，前后轮制动力量的需求会不断改变，如果不加以控制，后轮会先死锁导致失控，而当左右转弯时，离心力作用也会导致车身倾斜致内侧车轮较易死锁；EBD 系统即用来监控四轮转速，将各车轮制动油压自动调节至最恰当的程度，以防止 ABS 作用前的任何死锁现象，增大保护范围，减少不必要的 ABS 动作，缩短制动距离。

（3）EDL（Electronic Differential Lock）。中文：电子防滑差速器。

EDL 是 ABS 的附加系统功能，作用与 ABS 相反，也就是说 ABS 与 EDL 不会同时作用。当轮胎附着不良时，驱动轮会产生单侧打滑现象，不但丧失动力影响操控且制造噪音加速轮胎损耗，EDL 设计目的即为避免此现象的发生。当加速时，ABS/EDL 计算机比较左右轮胎转速，当转速差异过大时，表示产生打滑，计算机控制转速较高侧车轮之制动分泵，以制动作用降低其转速至左右相等，以防止打滑。

（4）ESP（Electronic Stability Program）。中文：电子稳定程序。

ESP 为高科技功能，它是一种主动性安全设备。当因路面湿滑，或因转向过度、转向不足，甚至驾驶操作不当导致失控时，不需踩制动即可经由三组感知器测知，计算机能迅速判断，当界定为即将失控时，计算机即主动介入操控，借由调整发动机、变速箱的运作，并控制特定车轮制动分泵产生制动，恢复平衡，避免失控的发生。

（5）ASR（Anti Slip Regulation）（Traction Control System）。中文：牵引力控制系统。

ASR 功能与 EDL 类似，但方法不同。当大马力车辆急速起步或路面湿滑时，驱动轮全部打滑而导致失控丧失驱动力，ASR 系统会比较驱动轮和非驱动轮之间转速差，当转速差过高时，即界定为驱动轮发生打滑，ASR 系统即通知发动机控制单元，调整发动机动力输出，避免驱动轮继续打滑，且能维持发动机最大限度的输出（此限度取决于路面所能提供的最大摩擦力）。

6）分析

车辆在检测站检车后，ABS 灯会亮起，用户开出一段路程后 ABS 灯熄灭，这是什么原因？

解释：这是正常现象。由于现在采用的工况法检测尾气要对两前轮加载，所以车辆的两前轮放在测试设备的滚筒上"行驶"，此时车辆两前轮在滚筒上转动，两后轮静止。此时车辆的 ABS 系统控制单元能够接收到两前轮正常的转动轮速，而接收到两后轮的转速为零，ABS 系统控制单元判断这不是一种正常的行驶状态，ABS 系统就会按照程序点亮 ABS 灯，并且切断 ABS 功能。此时用 VAG1552 查询 ABS 系统，会有两后轮的轮速传感器机械故障。当车辆重新在路上行驶后，ABS 又接收到了正常的四个车轮的轮速信号，经过一段距离的行驶，不正常的情况不再出现，ABS 系统控制单元就会熄灭 ABS 灯接触报警，ABS 系统恢复正常。两后轮速传感器变为临时故障。

8. 检查玻璃清洗液

1）检查内容
雨刮清洗装置功能，必要时调整并加注清洗液。

2）检查目的
保证雨刮系统的正常工作。

3）操作步骤
（1）参照图 3-27，检查玻璃清洗液（俗称玻璃水）的量。

图 3-27　玻璃水加液口的位置

如果量不足，应该添加的型号是_____。

如果需要，使用专用工具"T10007 折射计"检查防冻温度。

提示：

①清洗液储液罐的容量为 8 L，加满为止。

②如果水流喷射不均匀，或不能喷到刮水区的中部，则应调整或更换喷嘴。

四、考核

完成本任务活动评价表（表 3-6）。

表 3-6　活动评价表

班级：　　　　　　　　　组别：　　　　　　　　　姓名：

项　目	评价内容	评价等级（学生自评）		
		A	B	C
关键能力考核项目	遵守纪律、遵守学习场所管理规定，服从安排			
	安全意识、责任意识、5S 管理意识，注重节约、节能与环保			
	学习态度积极主动，能参加实习安排的活动			
	团队合作意识，注重沟通，能自主学习及相互协作			
	仪容仪表符合活动要求			
专业能力考核项目	按时按要求独立完成工作页			
	工具、设备选择得当，使用符合技术要求			
	操作规范，符合要求			
	学习准备充分、齐全			
	注重工作效率与工作质量			
小组评语及建议		组长签名： 　　　　年　月　日		
教师评语及建议		教师签名： 　　　　年　月　日		

任务 5　车舱内首次维护

> **学习目标**

1. 描述首次维护相关部件的拆卸、测量、装配方法,并能熟练规范完成首保作业;
2. 确认首次维护项目的完成情况及车辆检查信息,并填写首次维护单和派工单反馈信息,签字明确工作责任,且内容齐全、外观整洁。

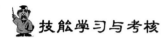 技能学习与考核

一、维护项目确定

参照表 3-7,完成车舱内相关项目的维护。

表 3-7　车舱内检查及维护项目

序号	维护类型	维护内容	维护检查情况		
			标准值	测量值	是否正常
1	自诊断	用专用诊断设备读取各系统控制器内的故障存储信息			
2	检查	组合仪表指示灯、时钟设置、维护周期显示器复位			
3	检查	阅读灯、化妆镜灯、手套箱照明灯、点烟器			
4	检查	安全气囊和安全带:目测外表是否受损,并检查安全带功能、喇叭			
5	检查	暖风空调系统、收音机			
6	检查	近光灯、远光灯、前雾灯、转向灯、警示灯			
7	检查	驻车灯、后雾灯、制动灯、倒车灯、车牌灯、行李厢照明灯			
8	检查	电动摇窗机、电动后视镜、中控门锁(遥控装置)			
9	检查	驻车制动器:必要时进行调整			
10	检查	空调系统进行维护			
11					
12					
13					
14					
备注:根据车型不同,新增维护项目可在空格内填写					

二、操作步骤

1. 自诊断检查

1）操作内容

用专用诊断设备读取各系统控制器内的故障存储信息。

2）检查目的

自诊断系统（00 功能）包括：发动机自诊断系统、ABS 自诊断系统、自动变速器诊断系统、空调诊断系统、安全气囊自诊断系统等。自诊断系统的目的，一是出现故障后采取保护措施，二是记录故障码以便于维护。

对自诊断系统的维护包括读取故障码、复位自诊断系统两部分。建议使用 VAS505X 的引导型故障查询功能对车辆进行检测。

对自诊断系统进行检查是为了以下目的：

①读取故障码，便于识别汽车使用中出现的故障，通知用户对出现故障系统需要进行进一步的维修。

②在所有维护和维修结束后，复位自诊断系统，用以记录自此次维修后出现的故障，防止下次维修时读出过期的出错信息。

3）仪器选用

①VAS 5051B 车辆诊断，测试信息系统；

②V.A.G 1551/3 诊断导线。

4）系统测试步骤

（1）拉上驻车制动器。

（2）自动变速箱：将选挡杆置于"P"或"N"挡位置。

（3）手动变速箱：将选挡杆置于空挡位置。

（4）在关闭点火装置的情况下将诊断仪接线与车辆的自诊断接口相连接。

（5）打开点火开关。

（6）根据菜单提示完成自诊断操作。

注意：诊断座接口的拔插，需要在汽车关闭车钥匙后进行。

5）记录故障码测试结果（配合车型维修手册使用）

序号	地址码	车辆系统	故障代码存储器内容	维修措施

2. 检查组合仪表指示灯

1) 检查目的

检查其功能是否完备,是否能实时显示车辆各系统工作状态。

2) 操作步骤

(1) 参看图3-28,完成以下名称或序号的填空:

图3-28 仪表指示灯示意图

桑塔纳3000的仪表板指示灯说明:

发动机油压指示——(   )

燃油存量报警灯——(   )

防抱死制动系统——(   )

冷却液温度指示灯——(   )

电子防盗装置——(   )

后风窗加热指示——(   )

冷却液位指示——(   )

后盖未关闭指示——(   )

远光指示——(   )

安全气囊指示灯——(   )

驻车指示灯——(   )

电子油门指示灯EPC——(   )

排放系统指示灯——(   )

冷却液液位指示——(   )

(2) 请查阅使用手册,根据图示,完成指示灯名称的填写:

图样	指示灯名称	图样	指示灯名称
(!)		油壶	
安全带		((ABS))	
电池		车	

图样	指示灯名称	图样	指示灯名称
(发动机图样)		(安全气囊图样)	
(加油站图样)		(加油站图样)	

(3) 观察车型仪表,填写指示灯功能,并画出指示灯图形符号。

①燃油存量(　　)。当燃油存量只剩大约_____L时,指示灯亮起,同时警告声音响起提示应该加油了。

②冷却液温度/冷却液液位(　　)。打开点火开关时,该警告灯会亮几秒进行_____。在行驶中如果这个警告灯常亮或闪烁,可能是冷却液温度_____或冷却液液面_____,同时警告音响起。关闭发动机并检查冷却液液面,必要时补充冷却液。

③机油压力(　　)。接通点火开关时,该警告灯会亮几秒。如果在此之后警告灯不熄灭或在行驶过程中亮起或闪烁,并伴有警告声响起。应立刻_____并关闭_____。检查油位,必要时加注发动机机油。

如果油位正常而警告灯仍然闪烁也不要继续行驶或让发动机怠速运转,请立即关闭发动机并联系_____寻求专业的帮助。

④制动系统(　　)。该警告灯会在接通点火开关后亮起几秒钟,启动发动机后必须熄灭。该警告灯还会在_____时和_____时亮起。

当制动液面过低时,行驶过程中该指示灯亮起,提醒您尽快至上海大众特约维修站检查并排除故障。

⑤安全气囊系统(　　)。检测安全气囊系统,点火开关接通后,指示警告灯会亮几秒钟。如果指示灯在点火开关接通后不亮起,亮起数秒后不熄灭或在行驶过程中亮起或闪烁则说明_____系统中存在故障,应该立刻到上海大众特约维修站进行检修。

⑥发电机(充电指示灯)(　　)。该警告灯会在接通点火开关后亮起,发动机启动后它必须熄灭。如该灯在行驶过程中亮起,则说明_____请立即前往上海大众特约维修站进行检修。由于车载蓄电池始终处于一个持续放电的过程,因此在上述情况下应关闭所有不必要的_____。

⑦后风窗加热及车外后视镜加热(　　)。在点火开关接通时,打开后风窗加热及车外后视镜加热开关,此指示灯会点亮。接通约_____分钟加热装置会自动关闭。通过再次按下该开关也可使加热装置提前关闭。

⑧行李厢盖未关闭指示灯(　　)。该指示灯亮起时行李箱盖处于_____状态,当行李箱盖完全关闭时,警告灯必须熄灭。如果在行驶过程中该指示灯亮起,必须停车检查行李箱盖是否关好。如在点火开关关闭后开启行李厢盖,除指示灯亮起外,警告灯响起,提醒您及时关闭_____。

⑨防抱死制动系统(ABS)(　　)。这个指示灯监控 ABS 或 EBD 系统,该指示灯在接

通点火开关或启动发动机时亮起大约几秒钟。自动检查结束后，灯会熄灭。

如果在接通点火开关时 ABS 指示灯没有亮起或者灯亮后不熄灭或者在行驶中亮起，说明 ABS 系统_____。

如果 ABS 指示灯单独亮，可以用常规的制动方式—没有 ABS 系统进行制动。应尽快到上海大众特约维修站进行检查。

注意： 如果两个指示灯同时亮起，后轮在制动时可能会过早抱死。必须立刻到上海大众特约维修站进行检修。

⑩远光指示灯（　　）。此指示灯会在开启_____灯时或通过远光灯闪烁发出警告信号时亮起。

⑪驾驶员安全带未系警告灯（　　）。驾驶员安全带未系的报警指示。若没有系安全带，在点火开关接通后，该警告灯将_____，同时伴有 6 声警告音，提醒系好_____。当在未系安全带的情况下车辆以超过 25 km/h 的速度行驶时，除了警告灯常亮外，警告灯将持续响起（最多持续 90 秒左右）。直到安全带正确系好，该_____熄灭，_____也将熄灭。

⑫电子防盗装置（　　）。当点火开关接通时，在钥匙与控制单元之间会执行一次数据交换，该指示灯会亮起几秒钟。钥匙防盗匹配完成且确认防盗系统没有故障后，该指示灯_____。

如果使用未经授权的车钥匙（例如不正确的钥匙），则指示灯会_____。

只有使用带有正确防盗编码的上海大众原装钥匙才能正常启动汽车_____。

⑬发动机控制装置（　　）。接通点火开关时，该指示灯会亮起。如果启动发动机后，该指示灯不熄灭，或在行驶过程中亮起，则表明_____存在故障，请将车驾驶至最近的特约维修站进行检查。

⑭尾气排放控制系统（　　）。接通点火开关时，该指示灯会亮起，启动发动机后该指示灯必须熄灭。如果启动发动机后该指示灯不熄灭，或在行驶过程中亮起或闪烁，则说明_____系统中可能存在不稳定运行和_____质量超标的情况。此时，车辆仍能正常行驶，但应该尽早到就近的上海大众特约维修站进行检测和排除隐患，因为继续长时间行驶将可能导致与尾气排放控制相关的零部件进一步损坏并使尾气排放_____。

注意： 不恰当的使用、维护和修理将直接影响排放控制系统，导致 OBD 指示灯的点亮和闪烁。

a. 使用劣质燃油有可能导致尾气排放控制系统的提前损坏。

b. 没有按照维护要求到特许经销商/特约维修站进行定期维护和更换零件（如空气滤清器、机油滤清器、火花塞等）。

c. 使用原装配件。

3. 时钟设置

1）检查目的

检查其功能是否完备（请查阅车辆使用手册）。

2）操作步骤

（1）数字时钟。时钟显示模式为 24 小时制，当蓄电池断电后，数字时钟将_____。

(2) 旋转旋钮可以调整时钟,调节旋钮位于组合仪表的左下侧。

左旋钮是_____,逆时针调整_____,顺时针调整_____。

右旋钮是_____。

4. 维护周期显示器复位

1) 检查目的

说明此次维护完成,使仪表显示恢复正常,提醒客户下次维护时间。

说明:

维护周期显示的是由一个时间计数器和两个里程计数器以及其他组成的电子设备。根据计数器的内容在规定的时间间隔之后,或者在规定的里程行驶(时间或里程,哪个先达到就以哪个为准)后,通过维护周期显示通知用户要进行维修维护,达到提醒用户的目的。

2) 操作方法

(1) 方法一:如图3-29所示,关闭点火装置,按住仪表盘上右侧的小计复位按钮(波罗为车速表侧按钮)不放;打开点火装置(仪表板的行使里程表中出现一个闪动的扳手信号和"ser"信息);松开按钮;在30秒内再按一下里程小计复位旋钮,即可消除提示信息;关闭点火装置。

图 3-29 维护周期显示器的复位按钮

(2) 方法二:连接车辆诊断,测量和信息系统VAS 5051;拉上驻车制动器;自动变速箱:选挡杆置于"P"或"N"挡;手动变速箱:换挡杆置于空挡位置;关闭点火装置状态下,通过诊断导线VAS 5051 1/3连接VAS 5051;打开点火装置,选择操作模式;按下显示器上按钮"Vehicle Self - Diagnosis(车辆诊断)",选择车辆系统;按下显示器上按钮"17 - Dash Panel insert(仪表板)",显示控制单元识别码;按下显示器上方按钮1;按下显示器上的"10 - Adaption(匹配)";按下显示器数字键盘上的0和2,通过匹配通道02复位维护周期显示器;按下显示器键盘上的Q确认输入;向左移动显示器上的位置指针,直至滚动条上方显示0;按下显示器按钮"Save(存储)";显示器上显示:original value 0 new value 1;按下显示器按钮"Accept(接受)";退出任务;按下显示器上的按钮"Go to(跳跃到)";按下显示器按钮"Exit(退出)";在退出菜单中按下"Exit(退出)";关闭点火装置,并断开诊断连接;打开点火装置,确认维护里程显示器中不再有维护显示;关闭点火装置。

5. 检查车顶阅读灯和门控灯开关

1) 检查目的

检查其功能是否完备。

2) 操作步骤

参照图 3-30，完成下列作业：

（1）前排阅读灯（用图形符号填空）。

按压开关两侧边缘可使前排阅读灯开启或关闭。当开关位于_____位置时，照明灯常亮。当开关位于_____位置时，照明灯关闭。当开关位于门触点开关_____时，只要前排车门打开，阅读灯自动亮起。车门关闭数秒后阅读灯熄灭。前排阅读灯具有_____功能。

（2）后座阅读灯（用图形符号填空）。按压开关两侧边缘可使前排阅读灯开启或关闭。当开关位于_____位置时，照明灯常亮。当开关位于_____位置时，照明灯关闭。当开关位于门触点开关_____时，只要前排车门打开，阅读灯自动亮起。车门关闭数秒后阅读灯熄灭。前排阅读灯具有_____功能。

6. 检查点烟器及烟灰盒

1) 检查目的

检查其功能是否完备。

2) 操作步骤

查阅使用维修手册，参照图 3-31，完成以下名称的填空：

图 3-30　阅读灯与门控灯开关及图形

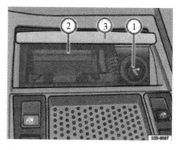

图 3-31　点烟器及烟灰盒

1—（　　）
2—（　　）
3—（　　）

提示：

①按下点烟器按钮 1，将点烟器楔入插座，等待直至点烟器自动弹出。

②拔出点烟器，可看到或感觉到加热线圈发红为正常。

7. 检查手套箱照明灯和手套箱照明灯开关

1) 检查目的

检查其功能是否完备。

2) 检查方法

参照图 3-32，拉开手套箱，照明灯应该立刻_____。

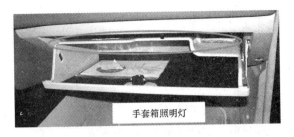

图 3-32 手套箱照明灯

8. 检查摇窗机

1）检查内容

（1）驾驶员侧电动摇窗机是否正常；

（2）副驾驶员侧电动摇窗机是否正常；

（3）后排乘员左侧电动摇窗机是否正常；

（4）后排乘客右侧电动摇窗机是否正常。

2）检查目的

检查其功能是否完备。

3）操作

（1）车内按钮能进行控制，车外门锁控制和遥控钥匙控制功能必须都保持完好。

（2）检验防夹功能，检验后必须进行再次设定。

4）总结

参看图 3-33 完成以下名称或序号的填空：

在点火开关接通状态下换挡杆前端的车窗升降开关操作：

按压开关的前端，相应车窗_____。

按压开关的前端，相应车窗_____。

在点火开关接通状态下换挡杆前端的车窗升降开关操作：

按压开关的上端，相应车窗_____。

按压开关的下端，相应车窗_____。

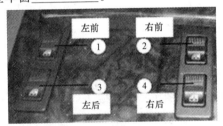

图 3-33 摇窗机操作开关

提示：

①关闭车窗玻璃时要当心。不加留意或不加控制地关闭车窗可能会造成挤伤。

②当车辆从车外闭锁时，绝不可将人员留在车内，因为车门和电动车窗玻璃升降器都无法从车内开启。

9. 检查后排车窗升降安全开关功能

1) 检查目的

检查其功能是否完备。

2) 操作

如图 3-34 所示，按下该按钮，则后车门玻璃升降器开关被锁定，不起作用。

图 3-34　后排车窗升降安全开关

10. 检查遥控装置功能

1) 检查目的

检查其功能是否完备。

2) 说明

遥控系统可对车门锁进行远距离控制。进行遥控操作时，遥控发射器发出经过编码的无线电信号，遥控接收控制器接收并检查这个信号，以防止非法的遥控发射器开启车门。

3) 操作

查阅维修手册，完成遥控装置功能检查，并回答以下问题：

在遥控距离范围内，按下遥控发射器的_____按钮，可使所有车门解锁，同时车辆两侧转向灯闪烁两次；按下_____按钮，可使所有车门闭锁，同时车辆两侧转向灯闪烁一次。

只有在_____和_____的情况下，遥控系统才起作用。

遥控发射器在使用一段时间后，电池容量会降低，造成遥控距离缩短，此时要更换_____。

11. 检查集控门锁装置功能

查阅维修手册，完成集控门锁装置的检查。

提示：车辆前门上的锁钮提供了由车内将整车闭锁和解锁的功能。在车门关闭的状态下，按下（或拔出）左/右前门上的按钮或用钥匙向车尾（或车头）方向转动可以进行闭锁和解锁。

对后门锁钮可分别控制各自门锁的闭锁和解锁，对门锁的操作与点火开关的钥匙位置无关。

12. 检查儿童安全锁功能

查阅维修手册，完成儿童安全锁功能的检查，并完成以下作业：

车辆后车门上配有儿童安全装置。将拨杆沿箭头方向拨向车门侧，关上车门，此时即使车门上的锁钮处于开启位置，车门内开扳手也不起作用，车门只能从_____打开，将拨杆朝反方向拨动，安全装置解除，车门既可以从_____打开，又可以从_____打开。

13. 检查安全气囊和安全带

1）检查内容

目测外表是否受损、并检查安全带功能。

2）检查目的

汽车安全气囊是汽车被动安全技术中一项技术含量很高的产品，由冲击传感器、气体发生器、气袋和诊断系统等精密复杂部件组成。由于安全气囊与人身安全息息相关，其系统的精确性、可靠性等要求异常严格。任何外表的损伤，都有可能造成气囊系统的失效或开启延误，尤其是开启过程延误，反而会导致更大的伤亡。因此，除了安全气囊的自诊断外，还必须进行气囊外表检查，尤其是曾经出现过碰撞、事故的车辆。

3）检查要求

（1）驾驶员安全气囊：方向盘：方向盘喇叭面板不能粘贴覆盖物，不能加套，不能进行其他加工；清洁只能用干燥或蘸水的抹布擦拭。

（2）前排乘客副驾驶安全气囊：气囊模块表面不能粘贴覆盖物或进行其他加工。清洁只能用干燥或蘸水的抹布擦拭。

（3）带有侧气囊的车辆，前排座椅不能加套。

（4）检测副驾驶气囊关闭功能和关闭指示灯功能。

（5）检测气囊应急功能是否正常（15—03功能）。为何在检查安全气囊的同时还需要检查安全带功能。

（6）配备安全气囊的车辆必须正确佩戴安全带，否则安全气囊起不到应有的保护作用，反而乘客有可能被充气中的安全气囊击伤。

（7）据相关资料表明，在发生碰撞事故时，安全带起到的保护作用是90%，加上安全气囊后是95%，由此证明安全带对乘客的保护作用是非常重要的。如果没有安全带的帮助，安全气囊可能会增加对乘员的伤害。

注意：

①安全气囊的特征为方向盘喇叭面板上的"AIRBAG"（安全气囊）字样。

②方向盘喇叭的面板既不能粘贴，也不能加装外套或进行其他加工。为确保安全气囊的正常功能，必须提请用户注意该点。

③方向盘喇叭的面板只能用干布进行清洁。

4）总结

（1）乘员没有佩戴安全带会发生什么事故隐患？

_____

_____。

（2）如何正确佩戴安全带？

_____

_____。

14. 检查暖风空调系统及收音机

(1) 空调系统具有的功能：舒适、除湿、除霜、通风和净化空气。

(2) 汽车空调的正确使用与维护：

①启动发动机时，空调开关应处于关闭位置。

②发动机熄火后，应关闭空调器，以免耗尽电能，造成再次启动困难。

③夏天停车时，应尽量避免阳光直晒，以免加重空调器的负担；如果在阳光下长时间停车，在开空调之前，应先打开门窗和风机，把车内的热气赶出。

④开空调后，车厢门窗应关闭和，以降低热负荷。

⑤在使用空调时，切勿将功能键选在制冷量最大位置而将调风挡选在最小位置，如果这样，冷气排不出去产，蒸发器易结霜。严重时会使压缩机发生"液击"现象。

⑥上长坡时，应暂时关闭压缩机，以免水箱开锅。

⑦超车时，应了解本车是否装有超速停转装置，超速停转装置开关一般安装在油门踏板下面，可先试一下，突然重重踩一下踏板，压缩机停转说明有，否则无。如果无超速停转装置，在超车时应先关压缩机。

⑧应经常清洗冷凝器。清洗时使用压缩空气或冷水冲洗，不可用热蒸汽冲洗。

⑨冬季不使用空调时，也应定期开启压缩机（每两周一次，每次 10 min），以避免压缩机轴封处因油干而泄漏，转轴因油干被咬死。如果气温过低，空调系统中温控保护起作用而使压缩机不能启动，此时可将保护开关短接或用一根导线直接给离合器通电，使压缩机工作，待维护运行结束后再将电路恢复原样。

⑩在窗户运行过程中，若听到空调装置有异响或发现其他异常情况，应立即关闭空调并及时请有关人员进行检修。

(3) 认识手动空调控制面板。参照图 3-35，实车观察后完成下列填空：

图中：A 表示（　　　）

B 表示（　　　）

C 表示（　　　）

D 表示（　　　）

E 表示（　　　）

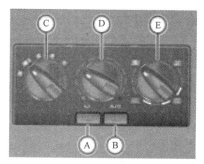

图 3-35　手动空调控制面板

(4) 认识自动动空调控制面板。参照图 3-36，实车观察后完成下列填空：

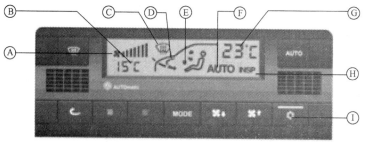

图 3-36　自动空调控制面板

图中：A 表示（　　　　）　　B 表示（　　　　　）
　　　C 表示（　　　　）　　D 表示（　　　　　）
　　　E 表示（　　　　）　　F 表示（　　　　　）
　　　G 表示（　　　　）　　H 表示（　　　　　）
　　　I 表示（　　　　）

（5）空调出风方式说明。参照图 3-37，实车观察后完成下列填空：

图 3-37　空调出风口

图中：1 表示（　　　　）出风口　　4 表示（　　　　）出风口
　　　2 表示（　　　　）出风口　　5 表示（　　　　）出风口
　　　3 表示（　　　　）出风口

15. 检查近光灯、远光灯、转向灯、警示灯

1）技术说明

（1）夜行示宽灯，俗称"小灯"。此灯是用来在夜间显示车身宽度和长度的。

（2）近光灯、远光灯都是夜间照明系统，近光灯照射角度向下，避免对面司机和行人产生炫目。

（3）驻车灯。停车关闭点火开关后打方向灯开关，显示停车位置。

（4）雾灯。它可以帮助驾驶员在雾天驾驶时提高能见度，并能保证使对面来车及时发现，以采取措施，安全会车。上海大众系列车辆都配置有后雾灯，提醒后面车辆，防止发生追尾事故，后雾灯一般为单只。

（5）转向灯。在车辆转向时开启，断续闪亮，以提示前后左右的车辆和行人注意。

2）检查步骤

（1）前照灯开关与灯光的检查。

查阅汽车维修手册，参照图 3-38，实车观察后用图形符号完成下列填空：

①将灯光转换开关旋到驻车灯或近光灯/远光灯的位置：

关闭（　　）；驻车灯（　　　）；近光灯（　　　）。

②在照明开关开启状态下可按下滚花按钮对（　　　　）和（　　　　）进行无级调控，调节结束滞后按下滚花按钮使其复位。

（2）变光开关与转向开关检查。

查阅汽车维修手册，参照图 3-39，实车观察后完成下列填空：

①将转向灯拨杆向后轻轻拉起，可进行（　　　）的开启与关闭。

②开启：在近光灯接通的情况下将转向灯拨杆朝方向盘方向拉到底后松开。远光灯接

通状态下组合仪表中的（　　）亮起，同时近光灯也保持开启。

③关闭：再次将转向灯拨杆朝方向盘方向拉到底后松开，关闭近光灯。

图 3-38　灯光开关及图形符号

图 3-39　灯光开关及图形符号

（3）检查照明装置功能。一人在驾驶室内，另一人在车前、后示意配合检查灯光。

提示：近光灯或远光灯仅会在点火开关接通状态下亮起。在起动过程中和关闭点火开关后会自动切换回驻车灯。

如果没将灯关闭，在拔出点火钥匙后，驾驶员侧的车门一打开，会响起蜂鸣声。

3）思考

为何要进行前大灯灯光调整，我国的大灯调节国家标准是什么？

提示：在车辆行驶过程中，前大灯起着照明的作用，但是，如果前大灯过亮或者角度不佳也会影响对面车辆驾驶员的视线，严重的还可能导致事故发生。因此我国对车辆前大灯的调节有着严格的国家标准，目前实施的是 GB 7258—2012《机动车运行安全技术条件》，本标准对前大灯的发光强度和光束照射位置的规定如下。

（1）发光强度规定

GB 7258—2012 规定，机动车每只前照灯的远光光束发光强度应达到表 3-8 的要求；并且，同时打开所有前照灯（远光灯），其总的远光光束发光强度应不超过 225 000 cd。测试时，其电源系统应处于充电状态。

表 3-8　前照灯远光光束发光强度最小值要求

机动车类型		检查项目					
		新注册车			在用车		
		一灯制	二灯制	四灯制[①]	一灯制	二灯制	四灯制
三轮汽车		8 000	6 000	—	6 000	5 000	—
最高设计车速小于 70 km/h 的汽车		—	10 000	8 000	—	8 000	6 000
其他汽车		—	18 000	15 000	—	15 000	12 000
摩托车		10 000	8 000	—	8 000	6 000	—
轻便摩托车		4 000	—	—	3 000	—	—
拖拉机运输机组	标定功率>18 km	—	8 000	—	—	6 000	—
	标定功率≤18 km	6 000[②]	6 000	—	5 000[②]	5 000	—

①四灯制是指前照灯具有四个远光光束；采用四灯制的机动车其中两只对称的灯达到两灯制的要求时视为合格。

②允许手扶拖拉机运输机组只装用一只前照灯。

国家标准对近光灯的发光强度没有作具体的规定。因为近光灯照明距离较近，一般在 40 m 左右，所以发光强度远比远光灯要低。

（2）前照灯光束照射位置标准

前照灯光束照射位置如图 3-40 所示。图中屏幕上画有三条垂直线和三条水平线。中间垂直线 V—V 与被检车辆的纵向中心垂直面对正，两侧的垂直线 V_L—V_L 和 V_R—V_R 分别为被检车辆左右前照灯基准中心的垂直线。三条水平线中的 h—h 线与被检车辆前照灯的基准中心等高，距地面高度为 H（mm）；中间水平线与被检车辆前照灯远光光束的中心等高，距地面高度为 H_1（mm），H_1 为（0.85～0.90）H；下边水平线与被检车辆前照灯近光光束的中心等高，距地面高度为 H_2（mm），H_2 为（0.60～0.80）H。H 为被检车辆前照灯基准中心距地面的高度，其值视被检车型而定。

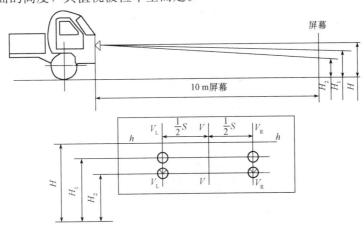

图 3-40 前照灯光束照射位置图

①在检验前照灯近光光束照射位置时，前照灯照射在距离 10 m 的屏幕上时，乘用车前照灯近光光束明暗截止线转角或中点的高度应为 0.7～0.9H（H 为前照灯基准中心高度，下同），其他机动车（拖拉机运输机组除外）应为 0.6～0.8H。机动车（装用一只前照灯的机动车除外）前照灯近光光束水平方向位置向左偏不允许超过 170 mm，向右偏不允许超过 350 mm。

②轮式拖拉机运输机组装用的前照灯近光光束的照射位置，按照上述方法检验时，要求在屏幕上光束中点的离地高度不允许大于 0.7H；水平位置要求，向右偏移不允许超过 350 mm，不允许向左偏移。

③在检验前照灯远光光束及远光单光束灯照射位置时，前照灯照射在距离 10 m 的屏幕上时，要求在屏幕光束中心离地高度，对乘用车为 0.9～1.0H，对其他机动车为 0.8～0.95H；机动车（装用一只前照灯的机动车除外）前照灯远光光束水平位置要求，左灯向左偏不允许超过 170 mm，向右偏不允许超过 350 mm，右灯向左或向右偏均不允许超过 350 mm。

16. 检查前雾灯、后雾灯

检查雾灯的功能是否完备，它可以帮助驾驶员在雾天驾驶时提高能见度，并能保证使对面来车及时避让。

实车观察后完成如下作业：

①前雾灯图形符号（　　）。

②将灯光转换开关对准驻车灯或近光灯/远光灯位置并向外拉至1，开启雾灯时会在组合仪表中和开关处各亮起一只指示灯。

③后雾灯图形符号（　　）。

④对于配有后雾灯的车型，将灯光转换开关对准驻车灯或近光灯/远光灯位置并向外拉至2。

提示：开启雾灯时会在组合仪表中亮起一只指示灯。因其强烈的眩光效应只可在低能见度情况下开启后雾灯。

17. 检查驻车灯、制动灯、倒车灯、车牌灯、行李厢照明灯

在实车上检查驻车灯、制动灯、倒车灯、车牌灯、行李厢照明灯功能。

说明：

(1) 夜行示宽灯。俗称"小灯"。此灯是用来在夜间显示车身宽度和长度的。

(2) 转向灯。在车辆转向时开启，断续闪亮，以提示前后左右的车辆和行人注意。

(3) 刹车灯。此灯亮度较强，用来告知后车，前车要减速或停车，此灯如使用不当极易造成追尾事故。

18. 检查驻车制动器

驻车制动自由行程过小，当放松驻车制动拉杆时，制动力没有完全解除，使得摩擦副长时间处于摩擦状态；起步困难、行驶无力、用手抚摸轮鼓表面感到烫手。遇此情况应按规范重新调整驻车制动间隙即可。

如果间隙过大，则会出现制动迟缓、制动力下降，影响行车安全。

驻车制动调整范围：能拉到2～3齿。

1) 检查

参照图3-41，进行下述操作：

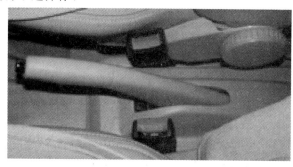

图3-41　驻车制动杆

(1) 完全松开驻车制动器；

(2) 用力踩一下制动器踏板；

(3) 拉紧驻车制动器操纵杆2个齿；

(4) 完全松开驻车制动器驻车制动器操纵杆，两个后轮应该旋转自如。

2) 调整

如果不符合规定，应按下述方法进行调整：

（1）完全松开驻车制动器；

（2）用力踩一下制动器踏板；

（3）拉紧驻车制动器操纵杆 2 个齿；

（4）旋紧调整螺母，直到用手不能转动两个后车轮为止。

（5）完全松开驻车制动器驻车制动器操纵杆，两个后轮应该旋转自如。

三、考核

完成本任务活动评价表（见表 3-9）。

表 3-9 活动评价表

班级：　　　　　　　　　组别：　　　　　　　　　姓名：

项目	评价内容	评价等级（学生自评）		
		A	B	C
关键能力考核项目	遵守纪律、遵守学习场所管理规定，服从安排			
	安全意识、责任意识、5S 管理意识，注重节约、节能与环保			
	学习态度积极主动，能参加实习安排的活动			
	团队合作意识，注重沟通，能自主学习及相互协作			
	仪容仪表符合活动要求			
专业能力考核项目	按时按要求独立完成工作页			
	工具、设备选择得当，使用符合技术要求			
	操作规范，符合要求			
	学习准备充分、齐全			
	注重工作效率与工作质量			
小组评语及建议		组长签名： 年　月　日		
教师评语及建议		教师签名： 年　月　日		

任务 6　首次举升检查及维护

学习目标

1. 规范操作举升机，按照维护流程举升汽车至顶升位置；

2. 按照正确的维修人员工作路径，进行对应顶升位置的检查项目；
3. 能够规范进行首次举升各位置、各项目的检查及维护；
4. 按照内容项目检查并正确填写维护单；
5. 正确使用活动所需工具、设备，实施"5S"现场管理。

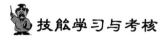技能学习与考核

一、操作步骤

1. 顶起车辆作业流程

汽车首保按举升机工作状态分为举升前检查、首次举升位检查与维护、二次举升为检查与维护三个项目。在首次举升位检查与维护中主要进行零部件紧固、磨损、变形情况的检查和相关工作油液的更换；二次举升为检查与维护则主要以复查检查、清洁为主。

观察图 3-42 所示的流程图，车辆顶起位置对应的图片序号，是从位置_____到位置_____。

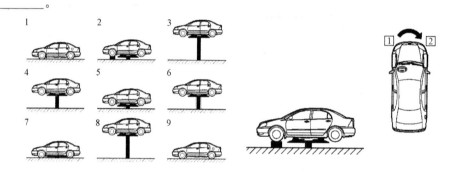

图 3-42 车辆顶起位置

阅读以下顶起位置对应的主要检查项目，查阅相关维修手册，并完成相关的练习。

1）在顶起位置 2（举升机稍微升起）的检查

维修人员工作路径可参考图 3-43。两名维修人员同时在汽车两侧进行或一人依次序进行。主要检查项目：球节的垂向间隙和球节防尘盖的损坏。

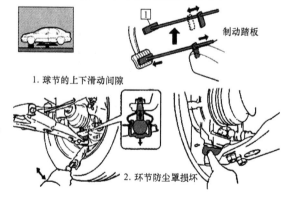

图 3-43 检查流程

①球节的作用：在_____方向和_____方向支撑负荷。
②当球节内的基座磨损时，间隙_____。由于球节不能支撑负荷，改变了车轮的_____。
③检查的间隔：每 20 000 km 或 1 年（具体车型不同）。
（1）球节的垂向间隙检查。踩下制动踏板后，在球节上施加载荷以便检查其上下滑动间隙。
①使用制动踏板压力器应保持制动踏板被踩下。
②前轮_____，举起车辆并且在一个前轮下放一个高度为 180~200 cm 的木块。
③放低举升器直到前螺旋弹簧承载一半的负荷。
④通过放低举升器直到车轮行程一半时达到该状态，球节处在自由状态。
⑤再次确认前轮笔直向前。
⑥在下臂的末端使用一个工具检查球节过量的上下滑动间隙。
你选用的工具是_____；请查阅维修手册等资料，上下滑动间隙标准值为_____。
（2）球节防尘罩损坏检查。检查球节防尘罩是否有裂纹、撕裂或者其他损坏。
（3）在观摩技师（教师）操作后，请按照以上的指引，独立完成本操作后填写下表：

类别	检查项目	检查要点	检查情况概述	所需时间
顶起位置2	球节的垂向间隙	检查球节松弛度时施加制动，这样承轴松弛度不会成为影响因素		
		通过轮胎的运动以及升降下悬臂来使球节对正并摇动球节		
		当球节内的垫片磨损时会产生松弛		
	球节防尘盖的损坏	请解释检查防尘盖损坏的要点		

2）在顶起位置 3（举升机升起较高）的检查（检查车辆的底架）
维修人员工作路径可参考图 3-44。
检查与维护的主要内容是发动机油的排放与（　　　）的更换，各类管路油液或油脂的泄露情况与补充，螺母与螺栓的紧固情况。
（1）排放发动机机油。
①如图 3-45 所示，首先需要检查发动机的曲轴前后油封及机油_____高度和发动机各区域接触面是否漏油。

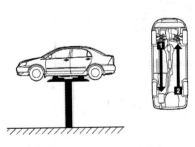

图 3-44　维修人员工作路径

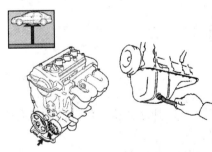

图 3-45　操作流程

②拆卸_____和_____，排放发动机机油。

（2）变速器渗漏检查。

①对MT车型（如图3-46所示），检查变速器的下述区域是否漏油：

a. 壳接触面；

b. 轴和拉索伸出的区域；

c. 油封；

d. （　　）和加注塞。

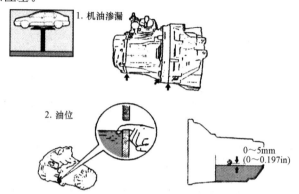

图3-46　MT车型变速器漏油检查

从传动桥上拆卸油加注塞。将手指插入塞孔，并且检查油与手指接触的位置（油面离加注塞0～5 mm）。

②对AT车型（如图3-47所示），检查变速器的下述区域是否漏油：

a. 壳接触面；

b. 轴和拉索伸出的区域；

c. 油封；

d. 排放塞和加注塞；

e. 管道和软管接头。

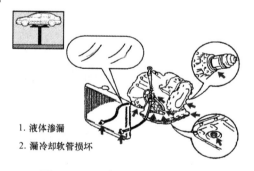

图3-47　AT车型变速器漏油检查

③如图3-48所示，检查油冷却软管是否有裂纹、隆起或者损坏。

正常（　　）　　不正常（　　）

（3）驱动轴护套检查。

①裂纹和其他损坏。如图 3-49 所示，手动转动轮胎以便它们被完全转向一侧。然后，检查驱动轴护套的整个外围是否有任何裂纹或者其他损坏

检查护套卡箍，确保其已经正确安装并且没有损坏。

②油脂渗漏。检查护套是否有任何油脂渗漏。

正常（　）　不正常（　）。

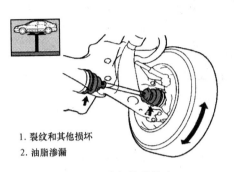

1. 裂纹和其他损坏
2. 油脂渗漏

图 3-48　冷却软管检查

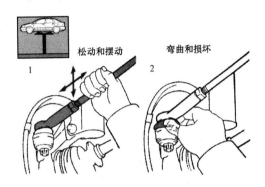

图 3-49　驱动轴护套检查

（4）转向连接机构检查。

①松动和摆动。如图 3-50 所示，用手摇晃转向连接机构检查是否松动或者摆动。

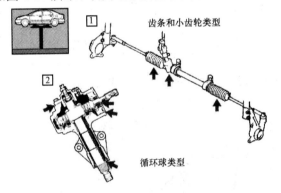

图 3-50　转向连接机构检查

②弯曲和损坏。检查转向连接机构是否弯曲或者损坏。检查防尘罩是否有裂纹或者破损。

正常（　）　不正常（　）

（5）手动转向机检查。参照图 3-51 检查以下各项：

①检查齿轮箱是否有润滑脂或者机油渗漏（或者浸润）。

②如果是齿条和小齿轮类型，转动轮胎以便方向盘向左和向右转，检查齿条护套是否有裂纹或者破损。

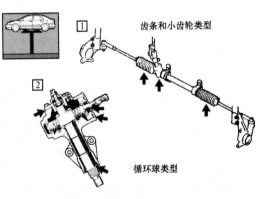

图 3-51　手动转向机检查

正常（　　）　不正常（　　）

（6）动力转向液、制动管路、燃油管路检查：主要检查_____液、_____液_____是否泄露和管路是否损坏。

①动力转向。参照图 3-52 检查以下各项：

a. 检查动力转向液是否渗漏：齿轮箱、PS 叶轮泵、液体管路和连接点；

b. 裂纹和其他损坏：检查 PS 软管是否有裂纹和其他损坏。

②制动管路检查。参照图 3-53，检查以下各项：

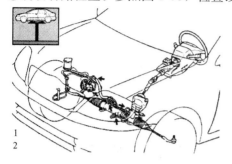

图 3-52　动力转向系统检查

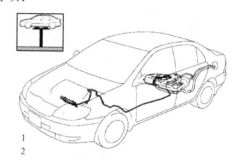

图 3-53　制动管路检查

a. 液体渗漏；

b. 损坏；

c. 安装状况：检查制动管道和软管，确保车辆运动时，或方向盘完全转动到任何一侧时，不会因为振动而与（　　）接触。

提示：手动转动轮胎直到方向盘被完全转向一侧。

③燃油管路检查：是否泄漏。

提示：如果保护盖上有飞石的痕迹，制动管、燃油管路可能有相同的损坏。

（7）排气管道及安装件检查。参照图 3-54，检查以下各项：

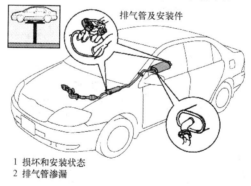

图 3-54　排气管道安装件检查

①损坏和安装状况：检查排气管、消声器、排气管支架上的 O 形圈、垫片是否损坏。

②排气管渗漏：通过观察接头周围是否存在任何_____，检查排气管连接部分是否泄漏废气。

（8）螺母和螺栓检查：是否松动。

正常（   ）　　不正常（   ）

(9) 悬架检查。参照图 3-55，检查以下各项：

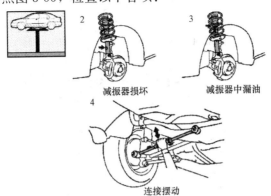

图 3-55　悬架检查

①检查下述各悬架组件是否损坏：转向节、减振器、（　　　）、稳定杆、下臂。

②减振器损坏。检查减振器上是否有凹痕。另外，检查防尘罩上是否有裂纹、裂缝或者其他损坏。

③减振器中漏油。检查（　　　）没有油泄漏。

④连接摆动。通过用手摇晃悬架接头上的连接检查衬套是否磨损或者有裂纹，并且检查是否摆动，同时检查连接是否损坏。

(10) 发动机机油滤清器更换（图 3-56）。

①使用_____工具，拆卸机油滤清器。

②检查和清洁机油滤清器_____。

③在新的机油滤清器垫片上涂清洁的发动机机油。

④轻缓地拧动机油滤清器使其就位，然后上紧直到垫片接触底座。

⑤使用专用维修工具再次上紧 3/4 圈。

提示：在某些类型的发动机上，机油滤清器从发动机室更换。发动机机油排放塞安装时，应安装一个新的垫片和排放塞。

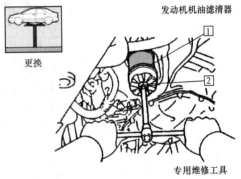

图 3-56　机油滤清器的更换

(11) 油脂更换。使用_____工具，将润滑脂压入，直到新鲜的润滑脂从对面的润滑脂嘴、润滑脂出口或者护套端慢慢流出。

请你查阅相关维修资料，车辆底架维护时油脂注入位置有：

_____

_____。

在观摩技师（教师）操作后，请按照以上的指引，独立完成本操作后，请填写下表：

类别	检查项目	检查与维护内容（请解释检查要点）	工作情况概述	所需时间
顶起位置 3	排放发动机机油	排放发动机机油的要点		
		检查泄漏的要点		
	手动传动桥油	润滑油泄漏		
		润滑油油位		
		手动传动桥润滑油基本上不会下降。因此当油位下降时，标志着有润滑油泄漏		
	自动传动桥油	润滑油泄漏		
		润滑油冷却器软管损坏		
	驱动轴护套	开裂及其他损坏		
		让车轮完全转向一侧，检查驱动轴护套的整个外圈		
		注意波纹管处的裂缝		
		润滑脂泄漏		
	转向连接机构	松动和晃动		
		弯曲或损坏		
	手动转向机	润滑油或润滑脂泄漏		
	动力转向液（齿条和小齿轮类型）	动力转向液泄漏		
		开裂或其他损坏		
	制动管路	制动液泄漏		
		损坏		
		安装状态		
	燃油管路	燃油泄漏		
		当存在泄漏时，泄漏区域是_____		
		损坏		
	排气管道和安装件	损坏及安装状态		
		排气泄漏		
		在排气泄漏区域周围会有_____		
	螺母及螺栓（车辆下面）	松脱（请解释检查区域）		
	悬架	损坏		
		减振器损坏		
		减振器润滑油泄漏		
		连接件晃动		
	发动机机油滤清器更换	在拆下机油滤清器时，会有一些溅出，所以要准备_____		
		如果施加过大的力机油滤清器壳体可能会断裂，所以查看维修手册来查找正确的拧紧方法		
	发动机机油排放塞安装	解释安装要点		
	更换润滑脂	解释润滑脂更换要点		

3)在顶起位置4（举升机升至中位）的检查（检查车辆的底架）

维修人员工作路径可参考图3-57。检查与维护的主要内容是车轮轴承工作状态检查、拆卸车轮与车轮检查、制动器检查。

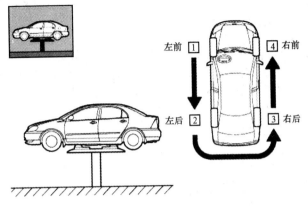

图3-57 顶起位置4时的工作路径

（1）车轮轴承检查。如图3-58所示，将一只手放在轮胎上面，另一只手放在轮胎下面，紧紧地推拉轮胎以便检查是否有任何摆动。

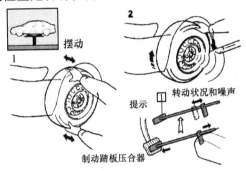

图3-58 车轮轴承检查

提示：
①出现摆动时，踩下制动踏板，再次检查其摆动情况。
②如果在施加制动后松动，那么是车轮轴承松动。

（2）拆卸车轮。参照图3-59，使用一把_____，按照_____顺序拆卸四个车轮螺母。然后，拆卸车轮。

注意：
①风动工具应在_____下时使用。
②定期检查风动工具并用_____润滑和防锈。
③往往先_____。如果一开始就打开风动工具，则螺纹会被损坏。注意不要拧得过紧。
④最后，使用_____检查紧固扭矩。

（3）轮胎检查。参照图3-60，检查下列各项：

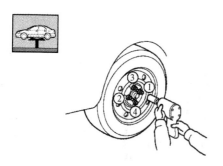

图 3-59 车轮拆装

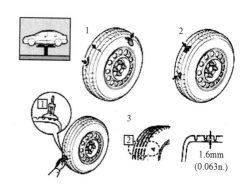

图 3-60 轮胎检查

①裂纹或者损坏：检查轮胎胎面和胎壁是否有裂纹、割痕或者其他损坏。

②嵌入金属微粒或者其他物体：检查轮胎的（　　　）是否嵌入任何金属微粒、石子或者其他异物。

③胎面深度：使用一个轮胎深度规测量轮胎的胎面深度。

你检查的深度是_____。

提示：同时可以通过观察与地面接触的轮胎表面的胎面磨耗指示标记轻易地检查胎面深度。

④异常磨损：检查轮胎的整个外围是否有不均匀磨损和阶段磨损。

请你分析图 3-61 所示的轮胎磨损情况，说明图中标号对应的异常磨损类型：

1. _____。
2. _____。
3. _____。
4. _____。
5. _____。

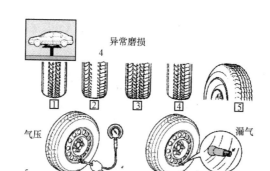

图 3-61 轮胎异常磨损

⑤气压：检查轮胎气压。

⑥漏气：检查气压后，通过在气门周围涂肥皂水检查是否漏气。

⑦完成图 3-62 中的填空。

1. _____。

2. _____。
3. _____。
4. _____。

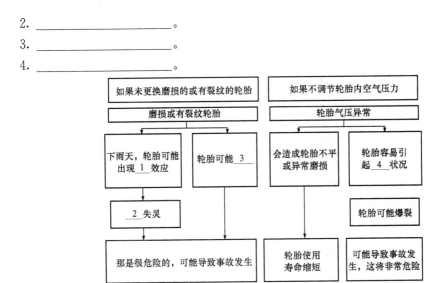

图 3-62 轮胎非正常情况的影响

(4) 盘式制动器检查（图 3-63）。

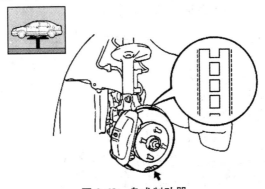

图 3-63 盘式制动器

①制动器摩擦片厚度。

a. 使用一把直尺测量外制动器摩擦片的厚度。

b. 通过制动卡钳内的检查孔目测检查内制动器摩擦片的厚度，确保其与外制动器摩擦片没有明显的偏差。

c. 确保制动器摩擦片没有不均匀磨损。

如果_____，则更换制动器摩擦片。

提示：用该次检查和上一次检查之间的行驶距离，估计到下一次检查前的行驶距离。通过检查自从上一次检查到现在的制动器摩擦片的磨损，估计制动器摩擦片在下一次检查时的情况。

②盘式转子盘磨损和损坏。检查制动盘上是否有刻痕、不均匀或者异常磨损以及裂纹和其他损坏。

如果盘式转子盘出现任何分段、不均匀或者异常磨损、裂纹或者其他损坏，拆卸制动卡钳检查下述内容：

a. 盘式转子盘的厚度：使用一个测微计测量制动盘厚度（图 3-64）。
b. 制动盘跳动：使用一个百分表测量制动盘跳动。
c. 使用轮毂螺母临时固定制动盘。
d. 测量制动盘跳动以前，检查前轮毂轴承的游隙是否在规定的范围以内。

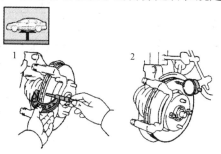

图 3-64　检查制动盘厚度

③检查制动液是否有渗漏。
注意：
a. 如果制动液溅出或者粘在油漆上，立即_____。否则，将损坏油漆表面。
b. 盘式制动衬块或回转装置表面上不能粘上任何_____。
c. 当表面上粘上润滑脂时，使用_____清除润滑脂和污物。

（5）鼓式制动器检查。
①拆卸制动鼓以便检查鼓式制动器。
注意：制动鼓拆下后，不要踩_____。
②检查制动蹄在背板面滑动区域的磨损
a. 如图 3-65 所示，手动前后移动制动蹄片并检查制动蹄片移动是否顺利。
b. 检查制动蹄片与背板和固定件之间的接触面是否磨损。
c. 检查制动蹄片、背板和固定件是否生锈。
提示：检查期间，在背板和制动蹄片之间的接触面上涂高温润滑油脂，如图 3-66 所示。

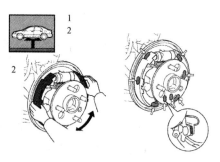

图 3-65　检查蹄片移动情况

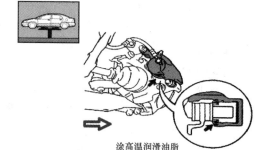

图 3-66　涂润滑脂的部位

③制动衬片的厚度检查。如图 3-67 所示，使用（　　）测量制动衬片的厚度。如果厚度低于磨损极限，则更换制动蹄片。
④制动衬片的损坏检查。检查制动衬片是否有裂纹、蜕皮和损坏。

正常（　　）　　不正常（　　）

⑤制动液渗漏检查：如图 3-68 所示，检查车轮制动分泵缸中是否有液体渗漏。

正常（　　）　　不正常（　　）

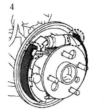

图 3-67　检查蹄片厚度　　　　　　图 3-68　检查制动分泵渗漏

⑥制动鼓内径检查。如图 3-69 所示，使用一个制动鼓测量规或者类似器具测量制动鼓内径。

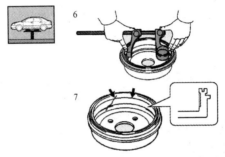

图 3-69　制动鼓内径检查

⑦磨损和损坏检查。检查制动鼓是否有磨损和损坏。

⑧清洁。如图 3-70 所示，使用砂纸清洁制动蹄衬片并清除油污。如果有必要，应同时清洁制动鼓的内表面。

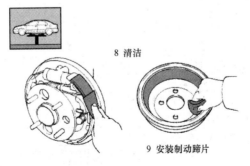

图 3-70　清洁与安装制动蹄片

⑨安装制动蹄片。调整制动蹄片间隙的方法，因制动蹄片间隙调节器的种类不同而有所变化。

在观摩技师（教师）操作后，请按照以上的指引，独立完成本操作后，填写下表：

类别	检查项目	检查与维护内容（请解释检查要点）	工作情况概述	所需时间
顶起位置4	车轮轴承	晃动		
		旋转状况及噪声		
	拆卸车轮	解释车轮拆卸的要点		
		解释专用工具（冲击扳手）的使用要点		
	轮胎	开裂或损坏		
		楔入金属片或外来物体		
		胎面深度		
		可以使用游标卡尺测量轮胎胎面深度		
		异常磨损		
		轮胎压力		
		漏气		
		轮圈及轮盘损坏		
	盘式制动器	1. 制动衬块的厚度		
		记录盘式制动器衬块厚度		
		当盘式制动器衬块磨损时，制动液液位也下降		
		在盘式制动器衬块上的2～3个区域检查厚度		
		检查盘式制动器衬块内侧厚度的唯一方法是穿过盘式制动钳的检修孔		
		在合适区域使用合适的润滑脂		
		当表面上粘上润滑脂时，使用砂纸清除润滑脂和污物		
		2. 盘式制动器回转装置的磨损及损坏		
		3. 制动液泄漏		
	鼓式制动器	1. 拆卸制动鼓		
		在拆解前观察每个零件的安装情况		
		在拆下制动鼓时，标记上安装位置的对齐标记		
		制动衬片和制动鼓内表面上不能粘上任何润滑脂		
		当表面上粘上润滑脂时，使用砂纸清除润滑脂和灰尘		
		2. 背板上制动蹄滑动区域的磨损		
		检查制动蹄与背板接触的地方		
		3. 制动衬层的厚度		
		记录制动器衬层厚度		
		在2～3个区域检查制动衬层厚度		
		当制动器衬层磨损时，制动液液位下降		
		在合适区域使用合适的润滑脂		
		4. 制动衬层的损坏		
		5. 制动液的泄漏		
		剥开车轮液压缸的护套并检查车轮液压缸活塞皮碗有无泄漏		
		6. 制动鼓内径		
		7. 磨损及损坏		
		8. 清洁		
		制动衬层或制动鼓内表面上粘上润滑脂时，使用砂纸清除润滑脂和灰尘		
		9. 制动鼓的安装		

4）在顶起位置 5（举升机升至低位）的检查

维修人员工作路径可参考图 3-71。检查与维护的主要内容是制动拖滞检查，如图 3-72 所示。

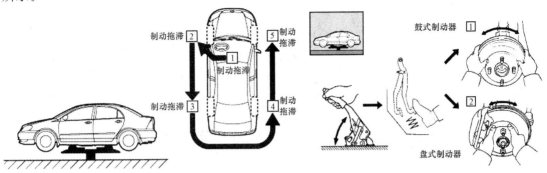

图 3-71　顶起位置 5 的工作路径　　　　图 3-72　制动拖滞检查

（1）操作驻车制动杆几次并且踩下制动踏板几次，以便允许制动蹄片下陷。
提示：使用驻车制动杆或者制动踏板直到后制动器自动调节器的"咔嗒"声消失。
（2）手动转动制动盘或者制动鼓，检查是否有任何拖滞现象。
请你解释盘式制动器回转装置不易转动的原因：
_____
_____
_____
_____。

在观摩技师（教师）操作后，请按照以上的指引，独立完成本操作后，请填写下表：

类别	检查项目	检查与维护内容（请解释检查要点）	工作情况概述	所需时间
顶起位置 5	制动拖滞（制动系）	在检查制动拖滞之前，通过拉下驻车制动杆 2～3 次和压下制动踏板几次来使制动器固定		
		盘式制动器在制动盘衬块与盘式制动器回转装置之间没有间隙		
		由于这个原因，它们之间有一定程度的摩擦力，盘式制动器回转装置不会轻易转动		
		鼓式制动器有间隙，所以容易转动		
		建议： 制动拖滞本来要在安装有轮胎的情况下检查，但为了进行有效的工作组合，这里在拆下轮胎的情况下进行检查		

5）在顶起位置 6（举升机升至中位）的检查
操作流程如图 3-73 所示，检查与维护的主要内容是车轮的安装。

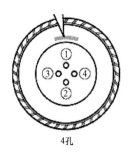 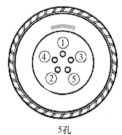 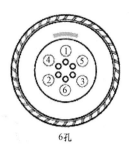

4孔　　　　　　　5孔　　　　　　　6孔

图 3-73　车轮安装

请观察不同螺栓孔的车轮紧固方法，总结拆卸或紧固轮毂螺母的注意事项与采用这种方法的原因：

_____

_____

_____

_____。

在观摩技师（教师）操作后，请按照以上的指引，独立完成本操作后，填写下表：

类别	检查项目	检查与维护内容（请解释要点）	工作情况概述	所需时间
顶起位置6	车轮的安装	解释拆卸的要点		
		从制动液更换完成的区域开始重新安装车轮		
		重新安装车轮，用手拧紧轮毂螺母		

6）在顶起位置7（举升机升至低位，轮胎触及地面）的检查

检查与维护的主要内容是发动机舱的检查与维护，如图3-74所示。操作流程可参考维修手册中本位置的操作引导表格。

图 3-74　顶起位置7的检查项目

在观摩技师（教师）操作后，请按照以上的指引，独立完成本操作后，填写下表：

类别	检查或维护项目	检查与维护内容（请解释要点）	工作情况概述	所需时间
顶起位置7	发动机机油（油位及加注）	驻车制动和车轮挡块		
		检查机油量的要点		
		解释关于加入正确的机油量		
		加入的机油量是不同的，这取决于是同时更换机油和机油滤清器，还是只更换机油		
		机油更换时使用的规定机油量参照车主手册或维修手册等		
	散热器盖	1. 功能		
		解释发动机热的时候如何打开散热器盖（释放压力、开启方向等）		
		参考：将散热器盖测试仪定位在水平上方30°，以便可以按散热器盖在汽车上的实际位置进行检查（真空阀打开）		
		2. 损坏		
	传动皮带	1. 变形		
		检查哪个附件由传动带驱动，比如发电机		
		2. 损坏		
		3. 安装状态		
	火花塞	火花塞的更换		
		在拆下火花塞后，在火花塞装配孔中放一块布以防外物进入燃烧室		
		在重新安装火花塞时先用手拧紧		
		由于汽缸盖是用铝制成的，小心螺纹很容易损坏		
		拧紧火花塞的扭矩参照维修手册		
	蓄电池	1. 电解液液位		
		蓄电池电解液的处理注意事项		
		蓄电池电解液液位难以确定时，在蓄电池壳的背面使用灯光或摇晃汽车		
		蓄电池液位和蓄电池充电情况，可以通过观察信号灯进行判断		
		蓄电池液位还可以通过拆下排放塞并观察液体表面来检查		
		2. 损坏		
		3. 腐蚀		
		4. 松动		
		5. 排放塞		

续表

类别	检查或维护项目	检查与维护内容（请解释要点）	工作情况概述	所需时间
顶起位置7	制动液	1. 制动液液位 当制动衬垫或制动衬片磨损时，制动液面会下降 衬块或衬层的剩余量可以从制动液位进行判断 当液位低时，不要立即重新加注。必须先确定下降是在正常范围内还是在不正常范围内 2. 制动液泄漏 不仅要用眼睛检查，还要用手来感觉连接 制动液不要与车漆表面接触 如果制动液与车漆表面接触，立即用水冲洗		
	制动管线	1. 制动液泄漏 不但要用眼睛检查，还要用手来感觉管接头 2. 损坏 3. 安装		
	离合器液	1. 液位 有一种联合离合器与制动器主缸储液箱 2. 离合器液泄漏 用手感觉来检查每个接头		
	空气滤清器	清洁或更换 解释空气滤清器滤芯有方向性 解释在安装好空气滤清器滤芯后总是要拧紧空气滤清器壳的盖夹或卡扣的重要性		
	碳罐	1. 损坏 2. 检查止回阀的工作状况 拆下活性炭滤罐并使用手持式真空泵或气枪检查止回阀的工作状况		
	前减振器上支撑	松动		
	喷洗器液	液位		
	轮毂螺母的重新上紧	解释拧紧轮毂螺母的要点 在开始工作之前检查驻车制动是否施加，并且放上车轮挡块挡住轮胎 根据维修手册或SDS检查轮毂螺母的扭矩		
	发动机冷却液	1. 冷却液泄漏 解释冷却液泄漏的迹象，比如变色或腐蚀 2. 软管损坏 3. 松动（解释管夹的工作状况及检查要点）		

续表

类别	检查或维护项目	检查与维护内容（请解释要点）	工作情况概述	所需时间
顶起位置7	自动传动桥液	液位		
		驾驶汽车，使ATF温度升高后检查ATF的液位		
		在发动机怠速运行的情况下，将变速杆从P挡变换到L挡位，再变回到P挡位，检查液位尺（量油尺）的读数是否在"HOT"范围		
		在汽车真正行驶并且润滑液循环起来之前，润滑液温度不会升高		
		润滑液位基本上不会下降。当自动变速箱液位变低时，意味着可能存在泄漏		
	空调	1. 制冷剂数量		
		解释检查的必要条件		
		让学员理解通过观察窗口检查制冷却剂量的方法		
		在检查时，利用发动机室内的电缆调整发动机转速		
		2. 制冷剂泄漏		
		沿着空调制冷剂管路和软管检查，特别要注意连接头区域		
		制冷剂与空气比重近似相同，所以测试仪要放在检查区域的下面		
		当发动机运行时，空气流过发动机室，这使得检查制冷剂泄漏成为不可能		
	动力转向液	1. 动力液水平		
		操作动力转向系统来升高动力转向液的温度		
		动力液温度升高，以便检查可以在与真实操作条件相同的情况下进行		
		保持方向盘完全偏向任一侧的时间不要超过10秒，因为动力转向系统会超负荷		
		动力转向液位基本上不会下降		
		因此，如果液位下降，很可能存在泄漏		
		如果发动机怠速运行和发动机停机时助力液液位差别很大，这是进气的迹象		
		当动力转向液中混有空气并且方向盘被转动时，压力加在动力液上并且混进的空气也会被压缩，导致动力液液位变化		
		2. 动力液泄漏		
		用手检查每根软管的接头是否存在泄漏		

二、总结、思考

1) 请查阅相关资料,根据操作经验,完成空白处填写。

(1) 蓄电池标准电压为_____V,低于_____V需更换。

(2) 丰田快速维护(EM)中,_____技师把车辆开到工位,_____技师引导车辆到工位。

(3) 检查左右雨刮片,拿起雨刮片检查是否_____和_____。

(4) 检查外观完成,左边技师进入车内前需脱掉_____和_____进入车内,至少在发动机停止运转_____秒后检查油位,保证机油充分回到油底壳。

(5) 变速箱油的检查,着车使发动机升温直至散热器风扇转动两次以上,然后关闭发动机,等待_____秒,但不要超过_____秒在此期间检查变速箱油量。

(6) 制动时汽车方向稳定性不良主要表现在_____。

2) 单项选择题

(1) 转向信号右方向工作正常而左方向指示灯闪烁过快则故障部位可能是( )。
    A. 闪光器   B. 转向开关   C. 灯泡   D. 保险丝

(2) 检查轮胎花纹需使用轮胎深度规测量( )。
    A. 1个点   B. 2个点   C. 3个点

(3) 取下制动盘,检查驻车制动蹄片需润滑( )接触面。
    A. 3个   B. 5个   C. 6个

(4) 关于发动机机油的说法,哪一种说法是正确的?( )
    A. 只加发动机机油而不换油将使机油性能没有任何变化
    B. 发动机油变黑时,应当换机油
    C. 一般情况下,发动机机油液位不降低,所以如果降低就说明漏油
    D. 发动机油根据其性能和黏性分成不同的等级,要根据等级来使用

(5) 以下哪个关于发动机冷却液的语句是正确的?( )
    A. 当LLC变质时,将不会损坏冷却系统
    B. LLC的变质不能通过看来判断,所以应根据行驶距离和时间来进行更换
    C. LLC根据红和绿分类,每一种都提供不同的性能水平,比如凝固温度
    D. 如果在LLC中加入水,那么凝固温度就要升高,所以对冷却剂只能用纯防冻剂

(6) 关于手动传动桥的油位检查,下面哪种说法是正确的?( )
    A. 为了检查手动传动桥的油位,卸下加注塞,把螺丝刀或同类工具插入到塞孔内
    B. 为了检查手动传动桥的油位,拆下加注塞,把手指插入塞孔检查在什么位置油能接触到你的手指
    C. 为了检查手动传动桥的油位,拆下排油塞,放出油,测量油量
    D. 没有必要去检查手动传动桥的油位,因为油不减少

(7) 关于火花塞的检查,下面哪种说法是正确的?( )

A. 除非是铂电极或铱电极火花塞，不要清洁或调节火花塞的间隙

B. 在把铂火花塞装到发动机之前，一定要洁净及调节其间隙

C. 除了铂电极或铱电极火花塞，要用火花塞间隙计检测火花塞的间隙，以确保该间隙在规定的范围内

D. 如果火花塞的间隙正常，火花塞的绝缘体的燃烧是有益的

(8) 关于蓄电池的检查，下面哪种说法是正确的？　　　　　　　　　　（　　）

A. 蓄电池的电解液温度是20℃（68°F），检查所有单元的比重，在1.250～1.280

B. 蓄电池的电解液温度是20℃（68°F），检查所有单元的比重，在1.250～1.280

C. 检测蓄电池时，检查所有单元的电解液的高度超过最高值

D. 如果蓄电池电解液液位低，添加自来水到上线

3）判断题（请以"√"、"×"表示）

(1) 装备有ABS系统车辆其制动距离通常比没有ABS车辆要长。　　　（　　）

(2) 更换蓄电池后车辆时钟会归零。　　　　　　　　　　　　　　　（　　）

(3) 空调制冷系统中制冷剂越多，制冷能力越强。　　　　　　　　　（　　）

(4) 制冷系统工作时，压缩机的进出口应无明显温差。　　　　　　　（　　）

(5) 安全气囊系统必须与安全带配合使用才能有效地保护乘客的安全。（　　）

(6) 转向灯为汽车转弯路面照明。　　　　　　　　　　　　　　　　（　　）

(7) 使用扭力扳手给轮胎螺母加力，听到"咔嚓"的一声后即可，不可过度加力。
　　　　　　　　　　　　　　　　　　　　　　　　　　　　　　　（　　）

(8) 如果制动液落到了漆面上，让它自干，然后用一块干净的布擦掉。（　　）

(9) 检查驻车制动指示灯的运行，驻车制动拉杆处于第一个缺口时，该灯要亮。
　　　　　　　　　　　　　　　　　　　　　　　　　　　　　　　（　　）

(10) 起动发动机后，检测前窗玻璃喷水器喷水的落点。这是因为如果蓄电池电压低，将导致前窗玻璃喷水器的动力不足。　　　　　　　　　　　　（　　）

(11) 无论汽车是否配备动力转向，停止发动机时，检查方向盘转动的自由行程。
　　　　　　　　　　　　　　　　　　　　　　　　　　　　　　　（　　）

(12) 检查喇叭确保沿着方向盘整个周缘按下都能响。　　　　　　　　（　　）

(13) 随着车型和使用状况的不同，车辆部件的检查/更换时间间隔也不同。（　　）

(14) 机油的更换没有固定的时间表，因为油的变质水平可以用眼看出来。（　　）

(15) 检查蓄电池的液位是必需的，因为如果电解液减少就会导致充电不足。（　　）

(16) 定期检查制动衬块是必需的，因为他们在使用中磨损。　　　　　（　　）

(17) 如果轮胎的压力不合适它将缩短轮胎的寿命。　　　　　　　　　（　　）

(18) 请从下面各项中选出能用眼检查的项目。

①制动衬块的磨损　　（　　）　　②传动皮带损坏　　（　　）

③发动机机油滤清器损坏　（　　）　　④制动衬块的磨损　（　　）

⑤空气滤清器滤芯损坏　（　　）　　⑥轮胎状况　　　　（　　）

⑦发动机机油变质　　（　　）　　⑧制动衬片磨损　　（　　）

⑨刮雨器橡胶变质　　　　　　（　　）

4）请查阅维修手册等相关资料，尝试完成以下练习。

作为蓄电池检查的一部分，请你指出图3-75中1～4图示相对应的检查项目与操作注意事项。

①＿＿＿＿＿＿＿＿＿＿＿＿＿＿＿＿＿＿＿＿＿；

②＿＿＿＿＿＿＿＿＿＿＿＿＿＿＿＿＿＿＿＿＿；

③＿＿＿＿＿＿＿＿＿＿＿＿＿＿＿＿＿＿＿＿＿；

④＿＿＿＿＿＿＿＿＿＿＿＿＿＿＿＿＿＿＿＿＿。

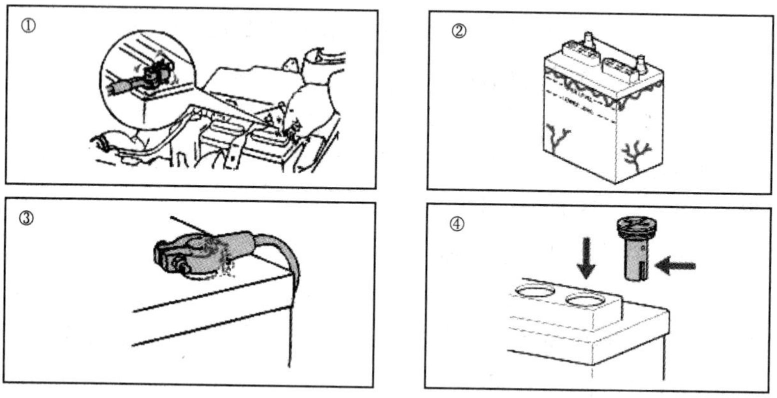

图3-75　蓄电池检查项目图

三、评价

（1）在实训操作过程中你遇到的困难是什么？你认为有哪些操作不够正确或效率不高？有没有新的想法？

_____
_____
_____。

（2）请查阅相关维修手册，简述首次维护的与二次维护项目具体差异在什么地方？为什么有这样的差异？

_____
_____
_____。

（3）请你参考丰田快速维护（EM）的活动与检查表，提高维修效率与现场管理规范性。

四、考核

完成本任务活动评价表（见表3-10）。

表 3-10 活动评价表

班级：　　　　　　　　　组别：　　　　　　　　　　　　　　　姓名：

项　目	评价内容	评价等级（学生自评）		
		A	B	C
关键能力考核项目	遵守纪律、遵守学习场所管理规定，服从安排			
	安全意识、责任意识、5S 管理意识，注重节约、节能与环保			
	学习态度积极主动，能参加实习安排的活动			
	团队合作意识，注重沟通，能自主学习及相互协作			
	仪容仪表符合活动要求			
专业能力考核项目	按时按要求独立完成工作页			
	工具、设备选择得当，使用符合技术要求			
	操作规范，符合要求			
	学习准备充分、齐全			
	注重工作效率与工作质量			
小组评语及建议		组长签名： 　　　年　　月　　日		
教师评语及建议		教师签名： 　　　年　　月　　日		

任务 7　第二次举升检查及记录

学习目标

1. 按质按量完成车辆首保作业；
2. 按照首保内容项目检查并正确填写维护单。

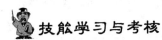技能学习与考核

一、操作步骤

1. 全面检查

维修人员对检查过的部位、更换过的零件以及机油和油液泄漏进行最后全面检查。

1) 再次把车辆举升到较高的位置（图 3-76）

（1）维修人员再次对车辆四周巡查一遍。

（2）维修人员各就各位，一人操控举升机，一人监控，保证举升安全（举升时两人是对角站位）。

（3）车轮离地（　　　）时，停止举升，检查车辆有否倾斜？如正常，则继续举升。

（4）举升高度到位，做好预防机器自动下降保险（做好安全保险措施后，人员才可以在车辆下作业）。

注意：车辆准备举升前，要保证车辆在举升平台上的正确位置。

图 3-76　再次举升车辆

思考：你是汽车维修人员，在日常维修工作中，当与你的工作伙伴操控车辆举升机时，出现如下问题时，你是怎样处理的：

①操控举升机工作时两人的站位是汽车_____；保证车辆举升安全得到监控。

　　A. 前、后站位　　　B. 左、右站位　　　C. 对角站位

②当需把车辆举升过头时，操控举升机一般是分_____举升到位。

　　A. 一次　　　　　　B. 二次　　　　　　C. 三次

③车辆举升离地后，出现轻微倾斜，你的处理措施是_____。

　　A. 危险不大，继续上升

　　B. 停止检查

　　C. 下降检查，车辆与举升机重新对位

④工作时，举升机出现电路故障，不能举升。由于时间问题，这时你会_____。

　　A. 马上上报，待专职维修人员检查维修

　　B. 自己动手拆检维修

　　C. 马上上报，然后动手拆检，交专职维修人员进行维修

提示：

车辆举升作业时，任何人不得待在非安全工作区（即举升机及车辆下方）和滞留在汽车里。只有当车辆升到所需位置且处于静止，安全装置已完全就绪时，有关人员才允许在车辆下作业。

2) 对首保车进行二次检查（车辆升到所需高度位置且处于静止）

（1）发动机的检查（图 3-77）

①用扭力扳手检查油底壳放油塞紧固状况；

②目测更换后机油滤清器装配状况；

目测发动机润滑系、冷却系、燃油系和空调系统有否异常泄漏。
③正常（　　）　不正常（　　）

(2) 转向系统的检查（图3-78）

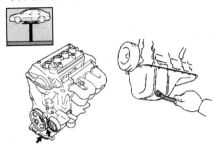

图3-77　发动机的检查　　　　　　图3-78　转向系检查

①目测动力转向系统管路、接头有否泄漏液力传动液；
②检查转向横拉杆球头间隙，紧固程度及防尘套状况；
③连接、紧固螺栓的紧固状况检查。正常（　　）　不正常（　　）

(3) 传动系统的检查（图3-79）
①目测检查变速器、主减速器及万向节防护套有否泄漏或损坏；
②连接、紧固螺栓的紧固状况检查。正常（　　）　不正常（　　）

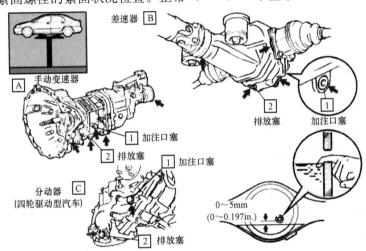

图3-79　传动系统检查

技术支持：
正确使用和维护液压转向机构，具体应做好以下几点：
①定期检查转向助力油是否缺少，如缺少应及时补加，同时，定期清洗助力油杯及滤芯，防止助力油过脏或变质，建议每行驶30 000 km更换一次助力油。
②在维护时，应检查转向泵皮带的松紧度，看是否有断口，如有应及时更换，松紧度应以手指按下10 mm左右为宜。
③定期检查液压系统的管接头是否有漏油现象，助力油管应尽量避开与其他部件的磨

擦,以防止破损进气,同时,液压胶管应定期更换,防止胶管内脱皮堵塞管道。

④在维修转向器时,应安装调整得当,特别是蜗轮、蜗杆之间的装配,钢球一定要装够数,同时钢片滑轨不准有变形,助力油分配阀及活塞腔壁要清洗干净,选用优质的、型号相配的油封以防止助力油的渗漏。

⑤转向时,不可将方向"打死",特别是在原地转向时,要留有一定的余量,保证液压转向系统处于正常工作状态。

(4) 悬挂系统的检查(图3-80)

①目测避振器有否漏油,避振缓冲胶有否老化;

②连接、紧固螺栓的紧固状况检查:正常( )　不正常( )

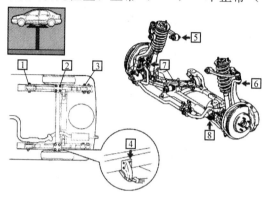

图3-80　悬挂系统的检查

(5) 制动系统的检查

①目测管路、接头有否泄漏;

②目测制动软管质量状况;

③检查管路安装是否牢固及有否相互干涉现象;

④连接、紧固螺栓的紧固状况检查:正常( )　不正常( )

思考:

请查阅维修手册或网络资讯,正确回答下列问题:

①发动机润滑油加注超量会对发动机_____。

　　A. 减少启动负荷

　　B. 增大润滑功能

　　C. 润滑油易窜上燃烧室,造成烧机油

②装配有液压制动装置的汽车,制动时全车全没感应,其故障原因之一是_____。

　　A. 制动真空助力器失效　　　　　　B. 制动踏板自由行程过大

　　C. 右后轮轮缸漏油　　　　　　　　D. 制动储液罐完全没制动液

提示:燃烧室烧机油,容易产生积炭,积炭依附在燃烧室壁(活塞顶部、汽缸盖凹部空间)。增大汽缸压缩比,造成发动机工作温度过高,反过来又会影响润滑油的润滑功能。

3) 车辆下降至原始位置

①维修人员清理车辆下工具、设备;

②维修人员对举升机四周巡查一遍,确认安全;

③维修人员各就各位,一人操控举升机,一人监控,保证车辆平稳下降倒地(两人注意站位);
④将车轮垫木或其他轮胎挡块放在车轮下,以防止车辆滑移。
4)继续二次检查
其工作路径如图3-81所示。

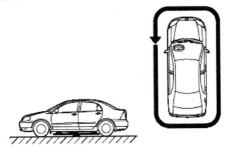

图3-81 二次检查工作路径

(1)液面的检查(图3-82)
①检查发动机润滑油油位,如必要,添加润滑油;
②检查变速器润滑油油位,如必要,添加润滑油;
③检查制动液液面高度,如必要,添加制动液;
④检查动力转向机构液压油油位,如必要,添加液压油;
⑤检查挡风玻璃清洗液液面高度,如必要,添加清洗液;
⑥检查冷却液液面高度,如必要,添加冷却液;
⑦检查蓄电池电解液液面高度,如必要,添加蒸馏水。
正常(   )   不正常(   )
如果不正常,处理方法:_____。
注意:蓄电池电解液是酸性腐蚀液体,操作时要保护好眼睛和皮肤。

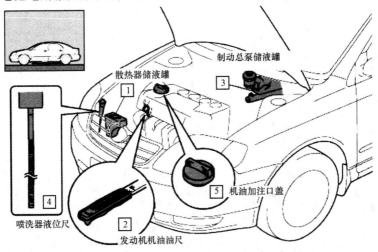

图3-82 液面检查

(2) 检查蓄电池固定情况，正、负极接线柱连接状况。

(3) 轮胎螺母扭力检查。

提示：有的车型左边轮胎螺丝是左旋螺纹，右边轮胎螺丝是右旋螺纹。装配时一定要先查阅维修手册，留意轮胎标识，分清左右轮胎螺丝，不要弄错。

(4) 收起发动机舱翼子板保护垫，盖好发动机盖；

(5) 检查、整理、清洁工具、设备及工作现场；

(6) 试车：

①驾驶员座椅及至后镜的调整；

②起动发动机，检查空调系统功能状况；

③汽车路试检查行驶制动及驻车制动性能；

④检查离合器分离、接合性能；

⑤检查转向操纵性能；

⑥检查传动系工作状况。

注意：试车发现故障问题，如不属于维护范围。须告知前台通知车主，确认项目，才可以进行维修排故。

(7) 路试正常后作业：

①取下座椅套及方向盘套；

②清洁汽车内、外卫生；

③正确填写维护单表格；

④车间维修管理员对维护车完工质量进行环车检查，签名确认验收；

⑤将车辆开往交车区，汽车钥匙和维修工单交付有关人员。

2. 填写定期维护单

请根据之前所学知识，利用维修手册，进行相关首次维护更换、检查项目操作，注意维修手册的使用，并填写定期维护单。

特许经销商（服务）定期维护单						
用户姓名	牌照号	底盘号	领证日期	行驶里程/km		维护日期

7 500 km 首次免费维护	每12个月或每15000 km定期维护	每24个月或每30 000 km定期维护	定期维护项目	合格	不合格	消除
●	●	●	更换发动机机油及机油滤清器			
	●	●	更换燃油滤清器			
	●	●	检查点火正时			
	●	●	更换空气滤清器芯及燃油滤清器			
●	●	●	目测检查发动机润滑系、冷却系、燃油系和空调系统是否泄漏			
●	●	●	检查蓄电池固定情况，电解液液面高度，必要时添加蒸馏水			

续表

7 500 km 首次免费维护	每 12 个月或每 15000/km 定期维护	每 24 个月或每 30 000/km 定期维护	定期维护项目	合格	不合格	消除
●	●	●	检查 V 形带张紧度及是否损坏,必要时调整张紧度或更换 V 带			
●	●	●	检查冷却液浓度,如必要,添加冷却液或调整浓度			
●	●	●	检查风窗清洗液液面高度,必要时添加清洗液			
●	●	●	检查风窗刮水器/清洗器的工作状态,如必要调整喷嘴			
●	●	●	检查制动系统是否有泄漏及损坏,并检查制动液液位高度,如必要添加制动液			
●	●	●	检查制动摩擦衬块厚度			
●	●	●	目测检查变速器、主减速器及万向节防护套有无泄漏与损坏			
●	●	●	检查手动变速器内的齿轮油油位,如必要,添加齿轮油			
●	●	●	检查转向横直拉杆球头的间隙、紧固程度及防尘套状况			
●	●	●	检查所有轮胎(包括备胎)的花纹深度及磨损形态,按要求检查轮胎气压,必要时校正			
●	●	●	进行轮胎换位			
●	●	●	检查车轮螺栓拧紧力矩			
●	●	●	润滑车门限位器及车门铰链			
●	●	●	检查灯光、点烟器、喇叭及电器元件的工作状况			
●	●	●	查询自诊断系统故障存储器			
●	●	●	试车:检查驻车制动器、变速器、离合器、转向、空调等功能			
* 检查是否加装其他电器设备,若加装,请在维护手册中注明			* 每 6 万 km 更换一次自动变速器润滑油(ATF)			
* 检查是否加装其他机械附件,若加装,请在维护手册中注明			* 每 6 万 km 更换 5V 机正时带及带张紧器			
* 每 7500km 柴油滤清器进行排水			* 每 8 万 km 更换 2V 机正时带,检查张紧器,必要时更换			
* 每 2 年按标准更换制动液			* 每 9 万 km 更换柴油机正时带,检查张紧器,必要时更换			
机修工签名:　　终检签名:　　用户签名:						
合格=已检查未发现缺陷　　不合格=检查中发现缺陷　　消除=按维修信息消除缺陷						
备注:表中 12 个月或 24 个月时间维护还有很多项目未标注出来。						

3. 清洁场地

维护车交付完毕，维修人员按5S要求清洁工作场地。

思考：

请查阅维修手册或网络资讯，回答汽车首保作业有关项目：

（1）发动机润滑系更换_____和_____。

（2）发动机冷却系需检查_____皮带张紧度。

（3）制动踏板和离合器踏板需检查调整_____行程。

（4）为防止汽车制动时油管突然爆裂，影响制动性能。在维护检查时，一定要注意检查制动软管的质量问题，其问题一般是发胀和出现裂纹的_____现象。无论出现什么问题，都要更换制动软管。

提示：汽车首保作业的技术规范（检查、清洁、调整、紧固、润滑）。

①检查作业及要求：检查影响排放性能的点火系统和排气净化装置的工作状态、检查全车各部分的密封性能、检查各类液体液面及发电机传动皮带外观等。

②清洁作业及要求：对发动机各类滤清器等滤芯要检查、清洁或更换。要求各滤芯密封良好，安装牢固。对变速器、差速器和蓄电池通气孔的要求清洁畅通。

③检查、调整作业及要求：对发电机传动带、轮胎气压、轮毂轴承间隙和离合器、制动踏板自由行程等有检查与调整要求。调整的数据应符合汽车出厂规定。

④检查、紧固作业及要求：对发动机总成及各装置、底盘各总成及传动连接状况和车架、车身及车身附件有检查紧固的要求。紧固的拧紧力矩应符合规定。

⑤润滑作业及要求：对底盘转向和传动部件及全车各润滑点有润滑的要求。主要的有横直拉杆球头销、转向节、万向节十字轴等。

（5）转向机构检查转向横拉杆球头的_____和_____。

提示：

①后桥壳气孔堵塞故障分析。

如果装配主减速器的后桥壳通气孔堵塞，就会造成后桥漏油现象，严重的还会影响制动性能，因为齿轮润滑油会从半轴套管窜到后制动器内。

排除故障方法：只要把后桥壳上的通气塞拔出来，用水和高压气把堵塞的通气塞打通（通常是泥尘与水混合造成堵塞），泄漏故障就可排除（影响到制动的就一定要拆检制动器）。

原因：是密封的后桥壳内主减速器运转产生高压气体所致。为什么？请查阅相关资料回答：_____。

②汽车维修中常用的术语：

术语	内容
三不落地	工具不落地、零件不落地、油污不落地
四漏检查	漏油检查、漏水检查、漏气检查、漏电检查
检查五油三水	五油：机油、齿轮油、液压油、制动液、离合器油（制动液） 三水：冷却液、风窗清洗液、电解液（或蒸馏水）

二、评价

（1）请查阅相关维修手册，把相关答案填上。

①汽车常见的仪表有：_____、_____、_____、_____、_____和_____。

②水温表的作用是指示发动机的_____，其正常指示值一般为_____，它与装在发动机_____或_____上的水温传感器配合工作。

③制动踏板自由行程_____，将引起制动不良。

（2）请查阅相关维修手册，简述如何诊断离合器打滑。

_____

_____

_____。

三、考核

完成本任务活动评价表（见表3-11）。

表3-11　活动评价表

班级：　　　　　　　　　组别：　　　　　　　　　姓名：

项　目	评价内容	评价等级（学生自评）		
		A	B	C
关键能力考核项目	遵守纪律、遵守学习场所管理规定，服从安排			
	安全意识、责任意识、5S管理意识，注重节约、节能与环保			
	学习态度积极主动，能参加实习安排的活动			
	团队合作意识，注重沟通，能自主学习及相互协作			
	仪容仪表符合活动要求			
专业能力考核项目	按时按要求独立完成工作页			
	工具、设备选择得当，使用符合技术要求			
	操作规范，符合要求			
	学习准备充分、齐全			
	注重工作效率与工作质量			
小组评语及建议	组长签名： 年　月　日			
教师评语及建议	教师签名： 年　月　日			

任务8　首保作业学习成果展示与评价

学习目标

1. 就车介绍维护流程、作用及注意事项；
2. 正确使用相关工具；
3. 完成各维护项目操作；
4. 根据相关业务流程，完成车辆的业务交接，作业符合5S规范要求。

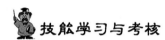

一、展示内容

1. 预约与接待

客户来电话进行车辆的维护预约，2天后将前往店内进行首保作业，请根据车主信息，查阅车辆维修手册，就车检索相关车辆信息，填写"预约服务单"（表3-12）及"汽车维修服务有限公司接车单"，交付教师并展示。

表3-12　预　约　服　务　单

填表时间：_____年_____月_____日

| 车型：_____ 车号：_____ 车架号：_____ 发动机号码：_____ |
| 车主：_____ 联系电话：_____ 接待员：_____ 预约时间：_____ |
| ____年____月____日 |

故障陈述	维修项目	跟踪情况
		客户签名

说明：①此表用于客户预约服务的登记；②业务接待人员必须认真填写此表以作为客户跟踪的依据；③业务接待人员必须在预约到期的前1~2天提醒客户如期来公司维修维护；④如果由于跟踪不及时而导致客户流失的要追究业务接待人员的责任。

提示：

1）预约服务的意义

通过特许销售服务商提供的预约维修服务，相关人员在客户到来之前对车辆进行诊断，约定维修时间并对预约进行充分的准备，从而减少客户在维修过程中的非维修等待时间和避免缺少备件的情况发生，使客户的车辆得到迅速、优质的维修。

2）预约的好处

①灵活的维修安排，根据自己的时间安排来预约维修、电话咨询和交谈并进行诊断；

②客户到来后一切都已经准备好，直接车间修理，不用等待，节省客户的时间，客户的车辆在预定的时间内可以直接得到服务；

③服务人员与客户接触时间充分，利于沟通；

④保证接车时间，缩短客户的非维修等待时间，保证交车时间，维修服务人员可以拥有更充裕的时间来检查和维修车辆，确保车辆性能和维修质量，同时使客户对客户的车辆状况有更多的了解；

⑤事先做好各项准备（备件、技术专家、工具、设备、资料），特许销售服务商可以更加合理有效的安排人员、工位、设备及备件，为客户提供更佳服务。

3）预约的方式

①电话预约。是指通过电话的方式进行预约，服务顾问或客服专员会详细记录客户的联系方式、维修内容。

②特许销售服务商主动预约。是指特许销售服务商预约人员主动通过电话与客户进行预约。

③客户主动预约。是指客户主动通过电话与特许销售服务商服务人员进行预约。

④现场预约。是指客户在服务接待处进行预约。

⑤网上在线预约。在特许销售服务公司购买汽车，可成为会员，通过浏览相关公司的网页，通过会员系统，可以享受在线预约维修服务带给客户的便捷。

4）预约流程与业务关系

（1）客户打电话，进行维护预约。

（2）4S店客服接电话，与客户沟通预约事项。

（3）各部门责任人，根据表3-13中的标准要求完成各自的服务工作。

①业务人员。

a.倾听客户的维修要求，并记录维修类型/日期/时间/估算（预约服务单）。必要进需要向客户解释车辆定期维护的意义。

注意：业务员必须提前一天重新确认预约。

表 3-13　各部门责任人服务工作标准与要求

操作流程	标准・要求・方法	责任人
用户的预约要求　↓　获取用户/车辆信息　↓　了解用户关心的问题　↓　回复估计车辆维修费用及交车时间　↓　与用户核实预约内容　↓　为用户进厂做准备	○用户主动来电话预约 ○通过回访预约用户 ○维修顾问应准备的资料：客户服务档案、《用户电话登记表》 ○电话铃响 3 声以内接听 ○标准话术："您好！吉利汽车×××服务站，……"，电话中应体现主动、热情、温馨服务 ○询问并记录用户的姓名、电话、车牌号、车型，并通过卓越软件予以核实，并了解维修记录 ○主动了解用户的要求及维修内容，并告知预计处理方案 ○确定可能需要更换的配件 ○不明确之故障，请用户回厂检查确定维修方案 ○与用户确定进厂时间 ○提醒用户带齐相关资料（保修保养手册、优惠卡） ○按统一收费标准给用户报预估维修费用 ○估价时，确保用户能够了解该费用包括的具体内容 ○根据用户预约当天的维修能力及配件供应状况暂定交车时间 ○如不能满足用户要求，则另约时间 ○对于返修、特别维修活动、紧急情况予以标注 ○确认是否需要服务代用车 ○再次确认用户的姓名、电话、车牌号 ○确认用户的回厂日期、时间及服务项目 ○结束谈话时，向用户表示感谢，对方挂机后才能挂机	前台接待
进入接待流程	○详细查询档案，了解车辆曾出现过的问题，确认用户是否属于"关注用户" ○核实是否属于特别维修活动（返修、召回、活动），或其他特殊要求 ○落实对应的维修技师及配件 ○预约日期到达的前一天，电话提醒用户预约维修事宜 ○预约时间前一小时，确认用户是否准时到达 ○将当日预约用户登记在《预约用户管理看板》上	维修顾问

参照图 3-83，将你所掌握的对车辆定期维护的意义记录在下面：

_____
_____
_____
_____
_____
_____
_____ 。

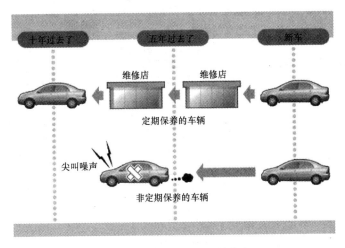

图 3-83 定期维护车辆的意义

b. 安排预约并通知管理员和配件部门。

注意：需和管理员、领队和配件部门一起安排之后工作日的工作日程。

②管理员/领班。与业务人员和配件部门一起安排工作日程。请将你安排的工作日程记录在下面：

_____
_____
_____
_____
_____
_____。

提示：

汽车由大量的零部件构成，由于车辆使用时间和使用条件的变化，都会使车辆部件受到磨损、老化或腐蚀，从而降低汽车的性能。为了评估出这些构成零件性能的降低情况，需要定期对车辆进行维护与检查，经过调整和更换来保持其性能。

思考：

请回答，通过实施定期维护，可达到什么效果？请判断以下选项。

a. 可避免今后可能发生的许多较大的故障。　　　　　　　　　　　（　　）

b. 可使车辆保持在符合法规规章的状态中。　　　　　　　　　　　（　　）

c. 可延长车辆使用寿命。　　　　　　　　　　　　　　　　　　　（　　）

d. 可让顾客的驾车更为经济与安全。　　　　　　　　　　　　　　（　　）

2. 维护操作

(1) 请查阅维修手册，指出本次维护的检查项目、更换项目、紧固项目，完成下表的作业。

车型 项目		5 000 km	
		维护表	项目
作业项目	发动机机油		
	机油滤清器		
	蓄电池		
	制动踏板和驻车制动		
	制动摩擦片和制动盘		
	制动液		
	制动管和软管		
	动力转向油		
	方向盘、连接机构		
	轮胎和轮胎气压		
	灯光、喇叭、雨刮、喷洗器和雨刮液		
	空气净化过滤器（后）（240V 车型）		
	底盘、车身螺丝/螺帽		
	电动车窗、中央门锁		
作业项目	安全带		
	轮胎换位		

注：维护表是指（车主手册）维护表，请填写相关维修手册内容的页码，并在项目中选择以下维护作业内容进行填写。

R：表示更换　　I：表示检查　　T：表示紧固　　O：表示换位

思考：

请思考维护作业的注意事项，并解释为什么修理汽车前，应注意选用适当的罩子将翼子板、内饰和地毯盖上？

_____
_____
_____
_____
_____
_____。

（2）请查阅维修手册，根据不同的顶起位置，完成相应的维护作业项目内容（请参照前述首次维护作业内容进行操作），并进行相关表格的填写（注意作业过程的规范与安全，操作过程请以小组为单位，务必配合维修手册，分工位，进行反复操作练习）。每完成一项，请在维护项目作业表（表 3-14）前面的框内打"√"，并根据本次首次维护作业内容，将不需要维护的项目打"×"（该环节需要多次练习，注意操作的流程与熟练程度）。

表 3-14 维护项目作业表

维护项目作业表 [顶起位置1]			
预检工作			
		驾驶员座椅	
☐		(001)	安装座椅套
☐		(002)	安装地板垫
☐		(003)	安装方向盘套
☐		(004)	拉起发动机舱盖释放杆
		车辆前部	
☐		(005)	打开发动机舱盖
☐		(006)	安装翼子板布
☐		(007)	安装前格栅布
☐		(008)	安装车轮挡块　　　　可以用举升机顶起部分车辆重量
		发动机舱	
☐		(009)	检查发动机冷却液液位
☐		(010)	检查发动机机油液面
☐		(011)	检查制动液液位
☐		(012)	检查喷洗器液面
驾驶员座椅			
左	右	车灯	
☐	☐	(013)	检查示宽灯点亮
☐	☐	(014)	检查牌照灯点亮
☐	☐	(015)	检查尾灯点亮
☐	☐	(016)	检查大灯（近光灯）点亮
☐	☐	(017)	检查大灯（远光灯）和指示灯点亮
☐	☐	(018)	检查大灯闪光开关和指示灯点亮
☐	☐	(019)	检查转向信号灯和指示灯点亮
☐	☐	(020)	检查危险警告灯和指示灯点亮
☐	☐	(021)	检查制动灯点亮（尾灯点亮时）
	☐	(022)	检查倒车灯点亮
☐	☐	(023)	检查转向开关自动返回功能
	☐	(024)	检查仪表板照明灯点亮
	☐	(025)	检查顶灯点亮
	☐	(026)	检查组合仪表警告灯（点亮和熄灭）
左	右	前挡风玻璃喷洗器	

续表

		(027)	检查喷射力、喷射位置	目测
		(028)	检查喷射时刮水器联动	目测

左　右　前挡风玻璃刮水器

		(029)	检查工作情况（低速）	
		(030)	检查工作情况（高速）	
		(031)	检查自动回位位置	
		(032)	检查刮拭状况	目测

左　右　喇叭

		(033)	检查工作情况

驻车制动器

	(034)	检查驻车制动杆行程
	(035)	检查驻车制动器指示灯点亮

制动器

	(036)	检查制动器踏板应用状况（响应性）
	(037)	检查制动器踏板应用状况（完全踩下）
	(038)	检查制动器踏板应用状况（异常噪声）
	(039)	检查制动器踏板应用状况（过度松动）
	(040)	测量制动踏板高度
	(041)	测量制动踏板自由行程
	(042)	检查制动助力器工作情况（下沉）
	(043)	检查制动助力器真空功能（控制阀：高度不变）

方向盘

	(044)	测量自由行程
	(045)	检查松弛和摆动
	(046)	检查点火开关在 ACC 位置时，方向盘可否自由转动

外部检查准备

	(047)	打开行李厢门
	(048)	打开燃油盖
	(049)	将顶灯开关旋至"DOOR"
	(050)	将换挡杆置于空挡
	(051)	释放驻车制动杆

左前车门

门控灯开关

	(052)	检查工作情况（顶灯和指示器灯工作情况）

续表

车身螺母和螺栓
☐ (053) 检查座椅安全带的螺栓和螺母是否松动
☐ (054) 检查座椅的螺栓和螺母是否松动
☐ (055) 检查车门的螺栓和螺母是否松动

左后车门

门控灯开关
☐ (056) 检查工作情况（顶灯和指示灯工作情况）

螺母和螺栓
☐ (057) 检查座椅安全带的螺栓和螺母是否松动
☐ (058) 检查座椅的螺栓和螺母是否松动
☐ (059) 检查车门的螺栓和螺母是否松动

油箱盖　　　　　　　油箱盖
☐ (060) 检查是否变形和损坏
☐ (061) 检查连接状况

后部

左　右　车灯
☐ ☐ (062) 检查安装状况
☐ ☐ (063) 检查是否损坏和有污垢

备用轮胎
☐ (064) 检查是否有裂纹和损坏
☐ (065) 检查是否嵌入金属颗粒或其他异物
☐ (066) 测量胎面沟槽深度（测量规）
☐ (067) 检查是否有异常磨损
☐ (068) 检查气压
☐ (069) 检查是否漏气
☐ (070) 检查钢圈是否损坏或腐蚀

螺母和螺栓
☐ (071) 检查行李厢门的螺栓和螺母是否松动

左　右　后悬架
☐ ☐ (072) 检查减振器的阻尼状态
☐ ☐ (073) 检查车辆倾斜度

右后车门

门控灯开关
☐ (074) 检查工作情况（顶灯和指示灯工作情况）

螺母和螺栓

159

续表

		(075)	检查座椅安全带的螺栓和螺母是否松动
		(076)	检查座椅的螺栓和螺母是否松动
		(077)	检查车门的螺栓和螺母是否松动

右前车门

门控灯开关

| | | (078) | 检查工作情况（顶灯和指示灯工作情况） |

螺母和螺栓

		(079)	检查座椅安全带的螺栓和螺母是否松动
		(080)	检查座椅的螺栓和螺母是否松动
		(081)	检查车门的螺栓和螺母是否松动

维护项目作业表［顶起位置2］

前部

左	右		前悬架
		(082)	检查减振器的阻尼状态
		(083)	检查车辆倾斜度

左	右		灯
		(084)	检查安装状况
		(085)	检查是否损坏和有污垢

发动机舱

| | | (086) | 检查发动机舱盖的螺栓和螺母是否松动 |
| | | (087) | 拆卸机油加注口盖 |

维护项目作业表［顶起位置3］

底盘

发动机机油（排放）

	(088)	检查是否漏油（发动机各部位的配合表面）
	(089)	检查是否漏油（油封）
	(090)	检查是否漏油（排放塞）
	(091)	排放发动机机油

传动带

	(092)	检查是否变形
	(093)	检查是否损坏（磨损、裂纹、脱层或其他损坏）
	(094)	检查安装状况（传动带张力检查）

左	右		驱动轴护套
		(095)	检查是否有裂纹、损坏（外侧）
		(096)	检查是否有裂纹、损坏（内侧）

续表

左	右		
☐	☐	(097)	检查是否有泄漏（外侧）
☐	☐	(098)	检查是否有泄漏（内侧）

左	右	转向连接机构	
☐	☐	(099)	检查是否松动和摇摆
☐	☐	(100)	检查是否弯曲和损坏
☐	☐	(101)	检查防尘套是否有裂纹和损坏

制动管路

☐	(102)	检查是否泄漏
☐	(103)	检查制动管路上的压痕或其他损坏
☐	(104)	检查制动管路软管扭曲、裂纹和凸起
☐	(105)	检查制动器管道和软管的安装状况（松旷）

燃油管路

☐	(106)	检查燃油是否泄漏
☐	(107)	检查燃油管路是否损坏

排气管和安装件

☐	(108)	检查排气管是否损坏
☐	(109)	检查消声器是否损坏
☐	(110)	检查排气管吊挂是否损坏或脱落
☐	(111)	检查密封垫片是否损坏
☐	(112)	检查排气管是否泄漏

左	右	悬架	
☐	☐	(113)	检查是否损坏（转向节）
☐	☐	(114)	检查是否损坏（前减振器）
☐	☐	(115)	检查是否损坏（后减振器）
☐	☐	(116)	检查是否泄漏（前减振器）
☐	☐	(117)	检查是否泄漏（后减振器）
☐	☐	(118)	检查是否损坏（前减振器螺旋弹簧）
☐	☐	(119)	检查是否损坏（后减振器螺旋弹簧）
☐	☐	(120)	检查是否损坏（下臂）
☐	☐	(121)	检查是否损坏（稳定杆）
☐	☐	(122)	检查是否损坏（拖臂和后桥）

发动机油排放塞

☐	(123)	更换排放塞衬垫
☐	(124)	安装紧固排放塞

续表

左	右		螺母和螺栓（车辆底部）
			前悬架
☐	☐	(125)	前下悬架臂×前悬架横梁
☐	☐	(126)	前下球节×前下悬架臂
☐	☐	(127)	前悬架横梁×车身
☐	☐	(128)	前制动卡钳×转向节
☐	☐	(129)	前减振器×转向节
☐	☐	(130)	稳定杆连杆×前减振器
☐	☐	(131)	稳定杆×稳定杆连杆
☐	☐	(132)	前悬架横梁前支架×前悬架横梁
☐	☐	(133)	前悬架横梁后支架×前悬架横梁
☐	☐	(134)	前悬架横梁加强件×前悬架横梁
☐	☐	(135)	横拉杆端头锁止螺母（检查）
☐	☐	(136)	横拉杆端头×转向节（检查）
☐		(137)	转向机壳×前横梁
			后悬架
☐	☐	(138)	后桥横梁总成×车身
☐	☐	(139)	制动分泵×背板
☐	☐	(140)	后减振器×后桥横梁总成
☐			其他
☐		(141)	排气管
☐		(142)	燃油箱

维护项目作业表 [顶起位置4]

制动系统

		车轮轴承
☐	(143)	检查有无摆动
☐	(144)	检查转动状况和噪声
☐	(145)	拆卸车轮（左前）
		轮胎
☐	(146)	检查是否有裂纹和损坏
☐	(147)	检查是否嵌入金属碎片和异物
☐	(148)	测量胎面沟槽深度
☐	(149)	检查轮胎异常磨损
☐	(150)	测量轮胎气压

续表

	(151)	检查轮胎漏气
☐	(152)	检查钢轮损坏或腐蚀
	盘式制动器（左前）	
☐	(153)	目视检查制动器摩擦片厚度（内侧）
☐	(154)	测量制动器摩擦片厚度（外侧）
☐	(155)	检查制动器摩擦片的不均匀磨损
☐	(156)	检查盘式转子盘磨损和损坏
☐	(157)	盘式转子盘厚度检查
☐	(158)	检查制动卡钳处有无制动液泄漏
	轮胎	
☐	(159)	车轮临时安装

维护项目作业表 [顶起位置 7]

〔发动机起动前〕

驻车制动器和车轮挡块

☐ (160) 使用驻车制动器并放置车轮挡块

发动机油

☐ (161) 加注发动机油

蓄电池

☐ (162) 检查电解液液位

☐ (163) 检查蓄电池盒损坏

☐ (164) 检查蓄电池端子腐蚀

☐ (165) 检查蓄电池端子导线松动

☐ (166) 检查通风孔塞损坏、孔堵塞

☐ (167) 测量电解液比重（单格）

制动液

☐ (168) 检查总泵内液面（储液罐）

☐ (169) 检查总泵是否泄漏

制动管路

☐ (170) 检查液体是否泄漏

☐ (171) 检查制动器管和软管是否有裂纹和损坏

☐ (172) 检查制动器软管和管的安装状况

空气滤清器芯

☐ (173) 检查并更换

前减振器的上支承

☐ (174) 检查前减振器上支承的松动   喷洗液

☐ (175) 检查液位（目视即可）

〔发动机暖机期间〕

轮毂螺母的再紧固

☐ (176) 旋紧车轮

续表

定期维护项目		
	发动机冷却液	
☐	(177)	检查是否从散热器泄漏
☐	(178)	检查橡胶软管是否泄漏
☐	(179)	检查软管夹周围是否泄漏
☐	(180)	检查散热器盖是否泄漏
☐	(181)	检查橡胶软管是否有裂纹、凸起和硬化
☐	(182)	检查橡胶软管连接松动
☐	(183)	检查夹箍安装松动
发动机暖机后		
	自动传动桥	
☐	(184)	检查液位
	空调	
☐	(185)	检查制冷剂量（从观察窗检查）
发动机停机后		
	发动机油	
☐	(186)	检查发动机油位（不必预热，按照当时的温度）
	发动机冷却液	
☐	(187)	检查冷却液液位（目测储液罐）
维护项目作业表［顶起位置8］		
☐	(188)	发动机机油泄漏
☐	(189)	制动器液泄漏
☐	(190)	更换零件等的安装状况
维护项目作业表［顶起位置9］		
	恢复/清洁	
☐	(191)	拆卸翼子板布和前格栅布
☐	(192)	清洁车身、车身内部、烟灰缸等

（3）当确认表所有各项工作均已正确完成后，与客户沟通是否有进行增值服务的项目，并完成下表的填写。

增值项目	做	不做	完成

提示：

(1) 汽车服务和普通服务的区别。汽车服务同时服务两个服务对象：汽车＋客户。因此汽车服务不仅要求服务技术、产品质量、施工质量、施工价格、施工时间，而且还要求对于车主有好的服务态度、好的服务技巧、良好满意休息场所、安心的等待方式等。

(2) 维修接待如何与其他部门沟通。作为维修接待人员，要尽力让客户感觉满意，这不仅仅要求自己做到尽心尽力，更需要与其他部门形成良好的沟通，知己知彼才可以真正做到成功，维修接待人员了解以下内容，将更有竞争力：

①零件部的价格与种类、库存的配件情况与种类；
②车辆的折扣与基本价格、促销方式、成交时间；
③财务部付款方式、公司全名；
④维修部维修进度、保修期政策、车辆问题、维修技术；
⑤接待部定期上门的顾客掌握，分时段预约顾客

(3) 当记录问题时候，要重复确认以下事项：

①顾客叙述问题注意听，详细记，一定要集中用心；
②对客户需求重复确认，让顾客看记录，确认资料无误；
③客户/自己签名确认自己接待及客户叙述内容；
④与客户一起确认叙述的问题，让顾客确认认知的问题点；
⑤叙述的问题确认后立即处理，说明原因后立即处理（不要扩大）；
⑥顾客说出属于正常问题的处理，正常问题说可以处理，但没把握不要直接回答；
⑦客户说出现有技师无法确认的问题，设法用一带而过（拖延）的方式解释。

3. 解答咨询

情境描述一：李先生在车辆完成首次维护后，对于首次维护的项目不了解，觉得维修时间过短，对于维修质量有疑虑。

请就车进行演示与解答：

答：_____
_____
_____。

情境描述二：李先生对于车辆机油的种类也不太了解，觉得车辆更换的机油价格差异较大，480元的机油费用较为昂贵，对产品的差异提出质疑。

请就车进行演示与解答：

提示： 从矿物油、半合成机油、全合成机油的区别及价格差异的原因进行分析。

答：_____
_____
_____。

情境描述三：李先生对于车辆维护过程中的环境卫生情况不太满意。

请说明工作环境对于企业的重要性，会对公司带来什么影响？检查自己的作业环境，并对不足之处进行修正。

(1) 工作环境包括的范围（什么属于工作环境的范围）：_____
_____
_____。

(2) 差的工作环境会给公司带来什么影响？_____
_____
_____。

(3) 个人工作习惯与个人工作环境情况有什么联系，我们应养成什么样的工作习惯？
_____
_____。

提示：

1) 面对客户投诉或抱怨的技巧

如何解决客户投诉。针对不同情况时发生的客户投诉，要建立一种模式去应对客户投诉，如果入站车辆突然增加的时候，客户投诉，我们要先道歉，再请求支援，然后说明问题，简化处理；

如果正在接待车时预约车主突然进来，首先向预约车主道歉，然后请求支援，并给预约车主说明情况，然后找到自己的接替者；

如果发生抱怨车主进来时，要首先向其道歉，同时请求支援，并向客户说明情况，自己去解决客户投诉。

2) 处理客户抱怨的基本原则

①站在顾客立场来考量；

②保持专业热诚与耐心；

③对于明显不当的要求要婉言直接回绝。

情境描述三：李先生车辆维护作业已经顺利完成（已完成填写图3-84所示的出厂通知单），为了让李先生能在下次维护的时候再次光临本店，作为维修人员，应该如何与李先生进行沟通与车辆情况的汇报？（请就车进行演示与汇报）。

出厂通知单

公司　　　　　　　　　　　　　　　　　　　　　　业字007
标识　　　　　　　　　　　　　　　　　　　　　　NO.00001

　　_____先生（女士）：

　　十分荣幸地通知您，您的车（车牌号码_____）在本公司的本次维修服务已圆满完成。请您凭本通知单，领取车钥匙，再驾您的爱车，重返幸福之旅。

　　再次感谢您的光顾与合作！祝您一路顺利！

　　　　　　　　　　　　　　　　　　　_____公司____年____月____日

图3-84　出厂通知单

结合售后服务卡的内容,说明售后服务卡的作用。

答:_____

_____。

售后服务卡

公司标识				NO.00001
	客户名称:	客户电话:		持卡人:
	车牌号码:	车型:		出厂编号:
	最后一次进厂维修时间:		维修内容:	

质量保修

凡本公司维修的车辆均享受以下保修服务:①出厂车辆在保修期内因维修质量问题均可随时返场返修,返修一律免费。②全车大修、总成大修保修期为1万km或三个月;二保、小修保修期为5 000 km或3个月。③全车油漆4万km或1年。

您的车最近一次维护的日期:_____年_____月_____日,希望您准时维护,热诚欢迎再次光临!

施救服务:您是我们的朋友,在市区之内,我们可随时为您提供拖车抢修服务。

服务记录	时间	内容	时间	内容	时间	内容

二、评价

(1)维护作业的过程,使用的工具包括哪些?请列举出相关耗材及工具的型号与数量。

项目	数量	型号
1. 工具车		
新型多功能工具车		
轮胎车		
工作台		
2. 普通工具		
梅花扳手		
丁字形套筒（拆空气滤清器）		
3. 其他工具		
扭矩扳手（预制型）		
轮胎气压表		
冲击式风动扳手		
雨刮液补充壶		
钢尺		
轮胎螺母套筒		
4. 耗材		

（2）请查阅相关网络资源，列举不同品牌首次维护里程数是否有差异，尝试分析原因。

品牌车型	首保里程数（km）	维护费用（约）

三、考核

完成本任务活动评价表（见表3-15）。

表3-15 活动评价表

班级：　　　　　　　　组别：　　　　　　　　姓名：

项目	评价内容	评价等级（学生自评）		
		A	B	C
关键能力考核项目	遵守纪律、遵守学习场所管理规定，服从安排			
	安全意识、责任意识、5S管理意识，注重节约、节能与环保			
	学习态度积极主动，能参加实习安排的活动			
	团队合作意识，注重沟通，能自主学习及相互协作			
	仪容仪表符合活动要求			
专业能力考核项目	按时按要求独立完成工作页			
	工具、设备选择得当，使用符合技术要求			
	操作规范，符合要求			
	学习准备充分、齐全			
	注重工作效率与工作质量			
小组评语及建议		组长签名： 　　年　月　日		
教师评语及建议		教师签名： 　　年　月　日		

项目四　汽车 15 000 km 维护

任务 1　15 000 km 新增项目维护

学习目标

1. 查阅维修手册，列举车辆 15 000 km 新增维护项目并描述操作步骤和注意事项；
2. 说出 15 000 km 维护新增项目部分所涉及的零件或总成的结构与作用；
3. 根据 15 000 km 维护项目做好实施准备工作；
4. 在保证安全的情况下正确、规范、快速地完成 15 000 km 新增维护项目，在操作的过程中详细记录维护单，并能遵守 5S 现场管理的规定。

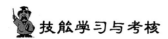

技能学习与考核

一、操作步骤

1. 查找 15 000 km 新增项目

(1) 查找手册写出 15 000 km 有哪些新增的维护项目？
_____
_____
_____。

(2) 通过查阅维修手册，填写出汽车的发动机型号为_____。

2. 相关知识准备

1) 安全气囊维护

(1) 安全气囊的作用是什么？_____。

(2) 在检查的时候需要注意什么？_____。

2) 前照灯维护

(1) 汽车前照灯有几种灯光？_____。

(2) 前照灯的检查项目有：光强度及_____。

(3) 请查阅手册，说明汽车前照灯光的要求是：光强度_____，照射位置及角度_____。

3) 转向助力装置维护

(1) 助力转向的作用是_____。

(2) 助力转向油液罐的注位标记是_____。
(3) 助力转向油如果不足会造成的后果是_____。
(4) 在添加助力转向油的时候应添加量是_____。

4) 空气滤清器维护
(1) 空气滤清器太脏会造成发动机的不良后果是：_____。
(2) 空气滤清器太脏，一般会采取的措施是_____。

5) 空调滤清器维护
(1) 空调滤清器在什么状态需要更换？_____
(2) 查找学习资料，说出空调系统的三个组成部分_____、_____
和_____。

6) 发动机排气系统维护
(1) 参照图4-1，说明你所维护的汽车发动机的排气系统组成：_____。
(2) 对于发动机排气系统维护，需要检查的零件有_____。

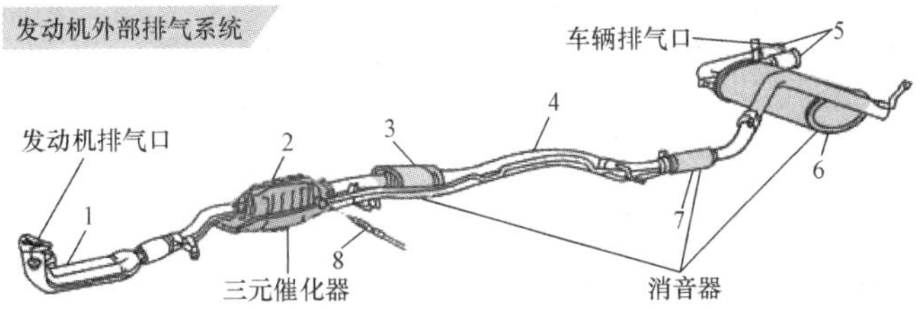

图4-1 发动机排气系统

3. 维护工作准备

(1) 15 000 km维护操作需要做好哪些准备工作，请填写在下表中。

序号	准备工作
1	准备工具
2	
3	
4	
5	
6	
7	
8	
9	
10	
……	

(2) 你向同学们演示举升机的正确使用，他们对你的评价是_____。
(3) 在做准备工作的时候我们需要与哪些人进行沟通，需要注意什么？
_____。

(4) 客户车辆里有东西特别是有贵重东西的时候应该怎么办？＿＿＿＿＿＿＿＿＿＿＿＿。

(5) 你在本次 15 000 km 维护准备活动中做得怎么样？你的小组对你的评价是＿＿＿＿＿＿＿＿＿＿＿＿＿＿＿＿＿＿＿＿＿。教师对你的评价是＿＿＿＿＿＿＿＿＿＿＿＿＿＿＿。

4．实施 15 000 km 新增维护项目

1) 确定新增维护项目

对 15 000 km 新增维护项目进行归纳、总结，填写在下表中。

序号	新增项目	序号	新增项目

2) 安全带与安全气囊的检查

(1) 参照图 4-2 进行安全带的检查，将检查方法记录在下面：

＿＿。

检查结果是＿＿＿＿＿＿＿＿＿＿＿＿＿＿＿＿＿。

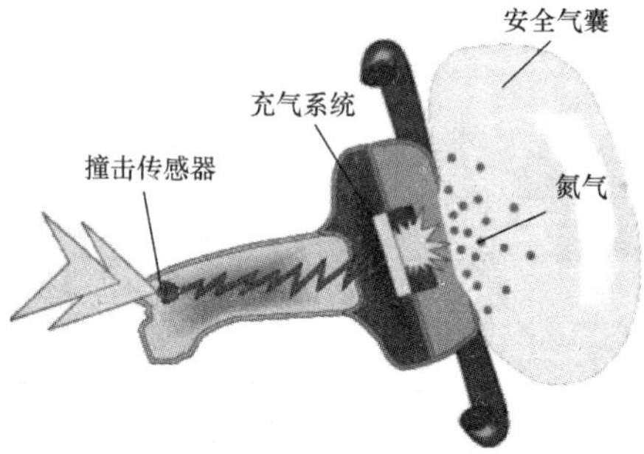

图 4-2 安全气囊的检查

(2) 参照图 4-3 进行安全气囊罩壳的检查，将检查方法记录在下面：

＿＿。

检查结果是＿＿＿＿＿＿＿＿＿＿＿＿＿＿＿。

3) 前大灯检查

(1) 汽车大灯光束只检查发光强度吗？＿＿＿＿＿＿＿。

(2) 如果不是，还应该做的检查项目有：＿＿＿＿＿＿＿＿＿＿＿＿＿＿＿＿＿＿＿＿＿。

4）检查驻车制动

怎样判断驻车制动是否符合使用要求？_____

_____。

参照图 4-4 检查驻车制动，检查结果是_____。

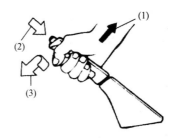

图 4-3　完全带的检查　　　图 4-4　检查驻车制动

5）检查车向助力液罐

转向助力液罐有没有刻度标记，是怎么标识的？_____。

你的检查结果是_____。

6）检查空气滤清器和空调滤清器的情况。

根据你的判断，应采取处理方法是：_____

_____

_____。

7）检查正时皮带（图 4-5）

（1）正时皮带的作用是_____。

（2）正时皮带的张紧度的检查方法是_____。

（3）检查结果是_____。

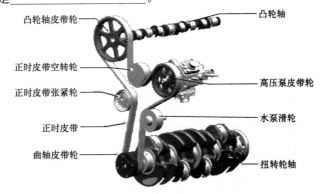

图 4-5　正时皮带的检查

8）检查自动变速器油

（1）自动变速器 ATF 油的检查方法是_____。

（2）检查结果是_____。

9) 排气管路检查

(1) 排气管路如果泄漏将会：_____。

(2) 应检查：排气管、_____、_____、_____。

10) 检查车轮轴承间隙

(1) 四轮轴承间隙检查方法是_____。

(2) 检查结果是_____。

思考：

在维护过程中如果出现了非 15 000 km 项目内的故障情况你应该怎么做？_____
_____。

二、评价

各同学把以上工作完成后，由小组互相评价。最后每个小组推选出一名同学代表本学习小组进行参加班级小组间的评价。

(1) 15 000 km 维护新增项目于首保的项目有什么联系吗？

_____
_____
_____。

(2) 其他车型的维护项目应该怎样查得？

_____
_____
_____。

(3) 准备工作中你觉得属于安全措施的是哪些？

_____
_____
_____。

(4) 在 15 000 km 维护新增项目中，你觉得你掌握了吗？还有哪些问题？

_____
_____
_____。

(5) 列举出一种其他车型的第二次维护项目：

_____
_____
_____。

三、考核

完成本任务活动评价表（表4-1）。

表4-1 活动评价表

班级：　　　　　　　　组别：　　　　　　　　姓名：

项目	评价内容	评价等级（学生自评）		
		A	B	C
关键能力考核项目	遵守纪律、遵守学习场所管理规定，服从安排			
	安全意识、责任意识、5S管理意识，注重节约、节能与环保			
	学习态度积极主动，能参加实习安排的活动			
	团队合作意识，注重沟通，能自主学习及相互协作			
	仪容仪表符合活动要求			
专业能力考核项目	按时按要求独立完成工作页			
	工具、设备选择得当，使用符合技术要求			
	操作规范，符合要求			
	学习准备充分、齐全			
	注重工作效率与工作质量			
小组评语及建议		组长签名： 年　月　日		
教师评语及建议		教师签名： 年　月　日		

任务2　15 000 km维护所有项目训练

学习目标

在保证安全的情况下正确、规范、快速地完成15 000 km维护项目，在操作的过程中详细记录维护单，并能遵守5S现场管理的规定。

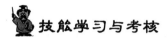 技能学习与考核

一、操作步骤

1. 车辆外观检查

1) 确定项目及程序

参照图4-6，将各维护项目按实际操作先后顺序编号，填入下表：

序号	名　　称	序号	名　　称
1			

图4-6　汽车15 000 km维护项目

2) 核实车辆基本信息

核实该车辆的基本信息，填写下表：

车辆型号	
VIN 代码	
排量	
发动机类型	
行驶里程	
上次维护时间	

3）车辆外观检查

如图 4-7 所示，车辆外观的检查主要包括部件功能和外观损坏的检查，该工作业重点外观损坏检查包括_____、_____、后备厢盖检查、_____、车门检查、车身漆面检查和汽车玻璃检查。在本次任务中我们将完成车辆外观的检查。

提示：请参考教材或维修手册，并详细记录。

图 4-7　车辆外观检查

（1）前大灯总成检查（图 4-8）。
①前大灯总成表面是否有污垢_____。
②前大灯表面是否有划痕_____。
③前大灯安装状况是否良好_____。

图 4-8　前大灯总成

（2）后尾灯总成检查（图 4-9）。
①尾灯总成表面是否有污垢_____。

②尾灯总成表面是否有划痕_____。
③尾灯总成安装状况是否良好_____。
（3）燃油箱盖和后备厢盖检查。
①打开后备厢盖及燃油箱盖，检查燃油箱盖表面是否有损坏_____。
②如图4-10所示，用手轻轻晃动连接部位，确认安装是否牢固可靠_____。

图4-9　尾灯总成

图4-10　燃油箱盖检查

③如图4-11所示，在后备厢开启的状态下用手晃动连接杆，连接螺栓是否有松动现象_____。

图4-11　后备厢盖检查

（4）各车门连接角及儿童锁检查。参照维修手册及图4-12和图4-13进行各车门连接角及儿童锁检查，并将检查填写在下表中。

图4-12　车门连接螺栓

图4-13　儿童锁

检查位置	车身螺栓	车门螺栓	铰接	车门锁	儿童锁
左前门					
左后门					
右前门			良好		
右后门				开关良好	
儿童锁					

(5) 发动机舱盖检查。

①如图 4-14 所示，通过驾驶室发动机舱盖开启开关打开发动机舱盖。

图 4-14　发动机舱盖开启开关

②如图 4-15 所示，在举高位置左右晃动，确认铰链是否完好_____。

图 4-15　发动机舱盖铰链

③将发动机舱盖放下，确认锁扣是否能正确扣合_____。
④将发动机舱盖锁好，再次打开，确认其是否能正确锁紧和开启_____。
(6) 车身及玻璃检查。
①车身表面有无损坏_____。
②车身漆面有无损坏_____。
③车身漆面有无划痕_____。
④玻璃外观有无开裂或破损_____。

注意：当发现发动机舱盖、后备厢盖或者车门的螺栓螺母出现松动时，必须查找维修手册，按规定扭矩上紧，表 4-2 中所列的参数仅供参考。

表 4-2　螺栓/螺母拧紧力矩

项目		N·m	kgf·m	lbf·ft
前和后车门	车门合页到车身			
	车门合页到车门	9.8～19.6	1.0～2.0	7.2～14.5
	锁栓			
	车身检验器	16.7～21.6	1.7～2.2	12.3～15.9
	车门检验器	6.9～10.8	0.7～1.1	5.1～8.0
行李厢盖	行李厢盖碰锁			
	安装行李厢碰锁到行李箱盖上	6.9～10.8	0.7～1.1	5.1～8.0
发动机罩	发动机罩合叶到车身			
	发动机罩合叶到发动机罩	21.6～28.5	2.2～2.7	15.9～19.5
	发动机罩碰锁到车身	6.9～8.8	0.7～0.9	5.1～6.5

（7）总结记录。根据实际检查情况，完成下表。

项目　　要求　检查情况	实际检查情况	竣工检验要求及注意事项
车灯总成检查		
发动机舱盖检查		
燃油箱盖及后备厢盖检查		
车门检查		
儿童锁检查		
车身漆面检查		
汽车玻璃检查		

思考： 根据实际工作经验，请注明车身的检查与维护还应增加哪些项目？

_____

_____。

2．驾驶舱内检查

1）确定维护项目

参照图 4-16，完成驾驶舱维护项目选择。

图 4-16　驾驶舱

序号	保养部位	是	否
1	变速杆检查		
2	发动机机油检查		
3	放油螺栓及垫片		
4	空调出风口检查		
5	检查音响		
6	检查点烟器		
7	检查车门门锁的锁止按钮		
8	检查电动门窗		
9	检查发动机电控系统		
10	测量转向盘的自由行程		
11	检查转向盘松动和摆动		
12	后悬架工作情况		
13	检查喇叭的音量和音质		
14	测量踏板的自由行程		
15	检查驻车制动杆行程		
16	检查前排安全带		
17	检查收音机		
18	制动软管		
19	检查烟灰缸		
20	检查点烟器		
21	检查驾驶员座椅		
22	调整时钟		
23	检查天窗		

2）变速杆检查

（1）检查变速杆操作情况。

图　　示	挡　位	P	R	N	D	3	2	L
	正常							
	不正常							

（2）自动变速器换挡时仪表显示情况。

图 示	挡 位	P	R	N	D	3	2	L
	匹配							
	不能匹配							

3) 检查出风口叶片

(1) 驾驶员一侧：可以摆动_____；不能摆动_____。

(2) 副驾驶员一侧：可以摆动_____；不能摆动_____。

4) 检查空调按钮

参照图 4-17，按维护手册要求检查空调按钮操作性能，填写在下表中。

图 4-17　空调按钮

序号	按钮名称	填写单词或画出图形	序号	按钮名称	填写单词或画出图形
1	前挡风玻璃除霜按钮		7	自动控制按钮	AUTO
2	后窗除霜器按钮		8	空调关闭按钮	
3	空调按钮	A/C	9	通风模式选择按钮	MODE
4	经济性按钮		10	内外气循环选择控制按钮	
5	温度控制按钮	TEMP	11	空调显示器	
6	鼓风机速度控制按钮		12		

(1) 将点火开关置于 ON 挡时，空调仪表应点亮，并且各功能键也应亮起：□正常　□不正常

(2) 检查按下 A/C 开关按钮时，空调工作情况：□正常　　□不正常

(3) 按下"AUTO"按钮，观察空调是否进入自动控制状态：□正常　　□不正常

(4) 按下"TEMP"温度控制按钮，根据调试观察显示器温度值并且感觉温度是否有变化：□正常　　□不正常

（5）按下鼓风机速度控制按钮，根据风量来感觉鼓风机速度控制是否正常：
　　　　□正常　　　□不正常
（6）按下内外气循环选择控制按钮，观察空调显示器上的变化，是否能进行内外气循环模式的切换。□正常　　　□不正常

5) 检查通风模式选择按钮

操作通风模式选择按钮，判断风向是否正确，填写下表。

通风模式图示	按钮选择	检查结果
	脸部模式	
	脸部和足部模式	
	足部模式	
	足部/除霜器模式	
	除霜器模式	

6) 请检查收音机、音响（图4-18）

（1）检查收音机开关　　□好　□差
（2）检查调频开关　　　□好　□差
（3）检查CD播放器　　　□好　□差
（4）前部音响效果　　　□好　□差
（5）后部音响效果　　　□好　□差

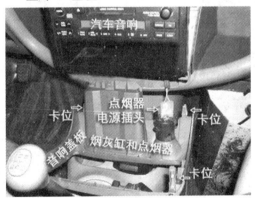

图4-18　检查收音机和音响

7) 检查时钟

请确定时钟是否准确。□准确　　□不准确

8) 检查点烟器

（1）按下点烟器按钮开关，点烟器　□能自动弹出　□不能自动弹出
（2）取下点烟器金属丝　　□点亮　□没有点亮

9) 检查烟灰缸

检查烟灰缸有无损坏：□无损坏　　□损坏

10) 检查车门锁锁止按钮

按规范要求检查车门锁锁止按钮，并将检查结果填入下表。

图　　示	检查位置	闭锁	开锁
	主控锁		
	左前门		
	左后门		
	右前门		
	右后门		

11) 检查电动车窗工作情况

按规范要求检查电动车窗工作情况，并将检查结果填入下表。

图　　示	开关	手动	自动
	驾驶席车门电动门窗开关		
	助手席车门电动门窗开关		
	左后车门电动门窗开关		
	右后车门电动门窗开关		
	电动门窗锁止开关		

12) 自诊断

(1) 诊断仪连接时都有哪些注意事项？

_____。

(2) 连接解码仪时的注意事项：点火开关应该　　□打开　　　　□关闭

请描述读取故障码的步骤：_____

_____

_____

_____。

请将检测的故障码填写在下面的表格内。

序号	故障码	故障码内容
1		
2		

13）转向盘自由行程的测量

自由行程的测量方法	测量结果
	标准行程： 不大于 30 mm
	测量结果：

14）检查转向盘的松动和摆动情况
（1）用两手握住转向盘，轴向移动转向盘，　□没有松动　□有松动
（2）同时两手握住转向盘向两侧移动转向盘，□没有摆动　□有摆动

15）电喇叭音量检测
（1）按下喇叭开关，音量　正常□　不正常□
（2）转动方向盘，同时在任何位置按下喇叭开关，喇叭的音量　正常□　不正常□

16）行车制动踏板的检查
（1）踏板是否出现变形　　正常□　　变形□
（2）踏板是否反应灵敏　　是□　　　否□
（3）踏板能否完全落下　　能□　　　不能□
（4）异常噪声　　　　　　无噪声□　有噪声□
（5）有无松动　　　　　　有□　　　没有□

17）测量制动踏板自由行程

测量制动踏板高度		测量自由行程		制动踏板储能行程	
标准行程	174.3 mm	标准行程	3～8 mm	标准行程	135 mm
检测结果		检测结果		检测结果	

18）驻车制动检查

（1）目视检查驻车制动器操纵杆　□变形　□没有变形　□损伤

（2）将点火开关位于ON挡时，拉起驻车制动操纵杆时，仪表板上驻车警示：□亮　□没亮

（3）放下驻车制动操纵杆时，警示灯：□熄灭　□没有熄灭

（4）检查驻车制动器的预定行程。标准要求是6～8响，检测结果是_____响。

19）安全带的检查

（1）检查安全带高度调整装置，按下高度调整器按钮：□上下可以移动　□上下不能移动

（2）检查安全带伸缩装置：□正常　□不正常

（3）检查安全带拉紧装置：□好　□更换

（4）打开点火开关"ON"挡，没有佩戴安全带前，安全带警告灯：□亮　□不亮；佩戴安全带后，安全带警告灯：□亮　□不亮

（5）检查安全带卡扣与释放钮：□正常　□不正常

请回答：车辆碰撞后，安全带拉紧装置是否需要更换？

_____

_____

_____。

20）调整座椅位置

检查项目		检查结果
座椅前后调节		1. 向上拉起坐垫前角下方的座椅滑动调整杆并握住，向前移动　□好　□差向后移动　□好　□差 2. 松开调整杆，并确定座椅锁在适当位置　□能锁定　□不能锁定
座椅靠背倾角调节		1. 调整座椅靠背的位置 前倾　□好　□差　向后倾斜　□好　□差 2. 释放调整杆并确定座椅靠背锁定在正确位置 □能锁定　□不能锁定
座椅座垫高度调节		1. 前后转动前旋钮，可提高或降低坐垫前部。 □正常　□不正常 2. 前后转动后旋钮，可提高或降低坐垫后部。 □正常　□不正常

检查项目	检查结果
座椅头枕高度调节	1. 向上移动　□正常　　□不正常 2. 向上移动　□正常　　□不正常 3. 锁定头枕　□能锁定　□不能锁定

21) 电动天窗的检查

(1) 天窗滑动检查。将点火开关置于 ON 位置，按下车顶控制台上的"SLIDE OPEN"按钮 1 秒以上，天窗是否一直滑动打开。　□可以打开　□不能打开

(2) 天窗倾斜功能检查。将点火开关置于 ON 位置，按下车顶控制台上的"TILT UP"按钮 1 秒以上，看天窗是否一直倾斜打开。　□可以打开　□不能打开

(3) 按 CLOSE 按钮，看天窗是否关闭。　□正常关闭　□不能关闭

注意：在检查后应在天窗各铰链连接处进行必要的润滑。

(4) 遮阳板检查。将点火开关置于 ON 位置，玻璃板滑动打开时，遮阳板是否自动随着玻璃板打开：　□是　□否

(5) 请解释下面的单词：

名　称	内　容
SLIDE OPEN	
TILT UP	
CLOSE	关闭按钮

3. 发动机舱维护

1) 发动机不启动检查项目

(1) 发动机舱内渗漏检查：

检查项目	是	否
漏油		
漏水		
漏气		

(2) 检查发动机机油：

检查项目	正常	不正常
液位		
颜色		
气味		

①完成机油型号 10W－40 连线

10   冬季

W   耐高温指标

40   低温黏度指标

②机油的作用是什么？请选择：

□冷却 □润滑 □密封 □清洗 □防锈防蚀 □减震缓冲 □减磨

③更换机油前检查机油液位的原因是_____。

④更换机油后怎样进行液位检查？_____。

（3）动力转向油液位是否正常？□正常 □不正常

常用助力油的颜色是_____。

（4）玻璃水清洗剂液位是否正常？□正常 □不正常

（5）发动机冷却液液位是否正常？□正常 □不正常

提示：检查补水罐时，切记，高温时不要打开水箱盖。

①防冻液有哪些作用？_____。

②不同颜色、不同型号的防冻液可以混加吗？_____。

（6）制动液液位是否正常？□正常 □不正常

不能经常开盖检查原因有：

□为不可拆卸件

□防尘

□防吸水

□防空气

（7）检查传动皮带情况：

检查项目	正常	不正常
磨损、裂纹、脱层和其他损坏		
皮带张紧力（标准可查阅手册）		

（8）检查冷却液防冻能力。

选择工具_____，测量冰点为_____，是否正常？□正常 □不正常

A   B   C   D

(9) 检查电瓶端子，选择工具_____，测量电瓶电压为_____。

| A | B | C | D |

①免维护电瓶观察孔的几种颜色分别表示什么？完成下面连线。

绿色　　　　　　　　需要补充充电

淡黄色　　　　　　　蓄电池电量充足

黑色　　　　　　　　需要修理或更换

(10) 检查前减振器座螺栓紧固情况。

选择工具_____紧固，扭紧力矩为_____，标准力矩为_____（查维修手册）。

| A | B | C | D |

(11) 检查发动机舱铰链及挂钩是否正常？　□正常　　　□不正常

是否需要润滑：　□是　　　□否

2) 发动机起动检查项目

(1) 检查自动变速箱油位（检查方法参阅维修手册）：

自变箱油位	正常	不正常
□冷车/□热车油位		

①凉车和热车变速箱油面哪个高？_____

②所有变速箱油的颜色都一样吗？_____

(2) 测量蓄电池充电电压（图 4-19）：

测量怠速时充电电压为_____

测量 2 000 r/min 时充电电压_____

（查维修手册）标准值为_____

3) 拆卸更换项目

(1) 拧下拆卸机油加注口盖，为放油做准备。

(2) 参照图 4-20，更换空气滤清器并清理壳体内灰尘。

空气滤清器堵塞会产生哪些现象？_____。

图 4-19 检查蓄电池充电电压

图 4-20 清理空气滤清器

4）底盘部分维护

（1）确定底盘维护项目。汽车底盘维护包括哪些项目？请从给定的表中选择。

	维护部位	是	否
1	举升机升至上段		
2	发动机机油		×
3	放油螺栓及垫片		
4	发动机油底壳、变速器外壳情况	√	
5	前悬架		
6	驱动轴		
7	防尘罩		
8	转向横拉杆接头		
9	转向机的连接部位		
10	制动油管		
11	驻车制动拉线		
12	后悬架情况		
13	排气管和消声器		
14	隔热板、底部保护层		
15	新机油滤清器		
16	弹簧和防尘罩		
17	减振器		
18	制动软管		
19	前排安全带		
20	儿童锁		
21	发动机冷却液		
22	喷洗器		

（2）查阅维护手册，完成下述作业：

规范说明	参考值	数据来源（维修手册/教师/学生/其他/）	备注
放油螺栓拧紧力矩			
变速箱加油口螺栓			
变速箱油型号、填充标准容量			
副支架装配螺栓（C）			
副支架装配螺栓（A）螺母（B）			
减振器连接螺栓			

（3）做维护前需要准备哪些工具、备件，请给出型号和数量。

序号	备件/工量具	型号	数量
1	力矩扳手		
2	举升机		
3			
4			

（4）请列出维护计划，并补充完整，确定所有的任务。

序号	维护过程记录	正常	不正常	结论
1	更换发动机机油、机油滤清器		×	
2	检查放油螺栓并更换垫片			
3	检查发动机漏油、变速器漏油情况	√		
4	检查前悬架力矩是否符合要求			
5	检查驱动轴			
6	检查防尘罩是否损坏			
7	检查转向横拉杆接头的间隙			
9	检查转向机的连接部位是否松动、渗漏			
10	检查集中布管是否渗漏损伤			
11	检查驻车制动拉线是否有磨损、变形和松动的现象			
12	检查后悬架力矩和松动情况			
13	检查排气管和消声器是否泄漏、固定是否牢固			
14	隔热板、底部保护层是否损伤			
15	安装新机油滤清器前用机油浸润密封圈，旋紧后擦净滴流油渍			
16	检查弹簧和防尘罩是否有损伤、老化			
17	检查减振器是否有漏油松动现象			
18	检查制动软管是否有漏油松动现象			

（5）车辆在进行 15 000 km 轮胎维护时都有哪些维护项目及注意事项？

序号	检查项目
1	
2	
3	
4	
5	
6	
7	
8	

你填写上表的依据是：_____。

（6）进行轮胎部位维护项目过程中我们用能什么工具和设备？

序号	工具、设备	序号	工具、设备
1		7	
2		8	
3		9	
4		10	
5		11	
6		12	

(7) 在维护过程中制动系统需要检查哪些项目?

序号	检查项目	注意事项
1		
2		
3		
4		
5		
6		
7		
8		

(8) 根据实际工作,是否有新增项目,请注明:
_____
_____
_____
_____。

二、评价

1. 自评

(1) 本小组在维护展示的时候你的评价是:

规范_____。

效率_____。

安全_____。

(2) 本小组展示的情况怎么样有哪些需要改进和提高?_____
_____
_____。

(3) 通过 15 000 km 维护的学习,你认为你最大的收获是:_____
_____
_____。

最需要改进的是:_____
_____
_____。

2. 互评

各同学把以上工作页完成后,由小组互相评价。最后每个小组推选出一名同学代表本学习小组进行参加班级小组间的评价。

(1) 观察各小组的维护展示情况,并填写下表:

小组	检查项目	注意事项
（　）组		
（　）组		
（　）组		
（　）组		

（2）思考。丰田车的二次维护与大众车 15 000 km 维护有哪些区别？

_____

_____

_____。

三、考核

完成本任务活动评价表（表 4-3）。

表 4-3　活动评价表

班级：　　　　　　　　　组别：　　　　　　　　　姓名：

项　目	评价内容	评价等级（学生自评）		
		A	B	C
关键能力考核项目	遵守纪律、遵守学习场所管理规定，服从安排			
	安全意识、责任意识、5S 管理意识，注重节约、节能与环保			
	学习态度积极主动，能参加实习安排的活动			
	团队合作意识，注重沟通，能自主学习及相互协作			
	仪容仪表符合活动要求			
专业能力考核项目	按时按要求独立完成工作页			
	工具、设备选择得当，使用符合技术要求			
	操作规范，符合要求			
	学习准备充分、齐全			
	注重工作效率与工作质量			
小组评语及建议		组长签名： 　　　年　月　日		
教师评语及建议		教师签名： 　　　年　月　日		

项目五　汽车 30 000 km 维护

任务 1　30 000 km 维护新增项目

学习目标

1. 查阅维修手册，列举车辆 30 000 km 维护的维护项目和描述作业流程；
2. 描述在 15 000 km 基础上新增维护项目相关的车辆各系统组成与功用；
3. 描述新增维护项目诸如车用火花塞、缸线、外围皮带、燃油滤清器等维护用品的名称、规格、牌号并能正确选择；
4. 描述 30 000 km 维护工量具及仪器设备的名称、种类、用途及其使用方法，并正确使用；
5. 描述 30 000 km 维护相关部件的拆卸、测量、装配方法，并能按时、熟练、规范地完成 30 000 km 维护作业，并保证作业质量。

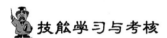 技能学习与考核

一、操作步骤

1. 查找 30 000 km 维护新增项目

查找资料，完成以下学习任务：

（1）车辆的 VIN 码为_____，发动机型号为_____。

（2）通过查阅维修手册，用黑笔列出 15 000 km 和 30 000 km 维护相同项目内容，并列出不同的项目内容：

15 000 km 维护项目	30 000 km 维护项目

（3）请查阅维修手册，参照图 5-1 完成以下名称或序号的填空。

（   ）火花塞
（   ）点火线圈
（   ）高压线

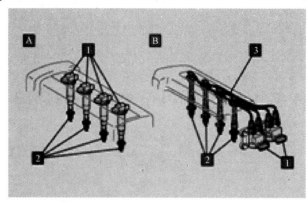

图 5-1　点火系统元件识别

思考下列问题：
①A 型点火系统与 B 型点火系统有哪些区别？
_____
_____
_____
_____。

②在进行火花塞更换作业中，有哪些注意事项？
_____
_____
_____
_____。

(4) 通过查阅维修手册，填写下列名称。
提示：在正常情况下，汽车上有 2 条或 3 条皮带。传动皮带必须进行适度张力和磨损方面的检查，并按规定间隔时间更换。

参照图 5-2，说明发动机上通过外围皮带带动的部件，将部件名称填入以下空白：
①_____
②_____
③_____
④_____
⑤_____
思考：A 型皮带和 B 型皮带有什么区别？
_____
_____
_____。

(5) 请查阅相关资料，参照图 5-3，指出喷油器在车上的位置及喷油器的作用。

图 5-2　发动机皮带传动件认识　　　　图 5-3　喷油器的安装位置

①位置：_____。
②作用：_____。
思考：喷油器清洗作业过程有哪些注意事项？
_____
_____
_____。

（6）请查阅维修手册，指出燃油滤清器在车上的位置及作用。
①位置：_____。
②作用：_____。
思考：更换燃油滤清器时有哪些注意事项？
_____
_____
_____。

2. 准备工作

（1）查找技术资料，参照图 5-4 描述火花塞常用类型。

标准型　　绝缘突出型　　细电极型　　锥座型　　多极型　　沿面跳火型

图 5-4　常用火花塞结构类型

（2）查阅维修手册并参照图 5-5，找出拆装火花塞时需要使用专用工具。
应该使用的工具名称是：_____。
选用这种专用工具的理由是：_____。
（3）查阅技术资料并参照图 5-6，回答下列问题：

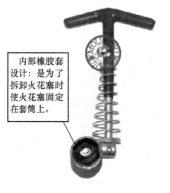

图 5-5　火花塞拆装专用工具　　　　图 5-6　空气滤芯

①空气滤清器的作用是：
_____
_____。

②空气滤清器主要类型有：
_____
_____。

（4）请查阅技术资料，并结合图 5-7，回答下列问题：
①燃油滤清器的作用是：
_____
_____。

②如果燃油滤清器没有更换会怎么样？
_____
_____。

③汽车燃油滤清器一般都在（　　）时更换燃油滤清器（多选）。
　A. 5 000 km 维护　　　　　　　　B. 30 000 km 维护
　C. 60 000 km 维护　　　　　　　　D. 100 000 km 维护

（5）查阅说明书，喷油器清洗机（图 5-8）能实现的功能有：
_____
_____。

清洗液大概加入_____ mL，大概清洗_____分钟。

图 5-7　燃油滤清器

图 5-8　喷油器清洗机

3. 30 000 km 维护的新增项目实施

1）确定项目

把 30 000 km 新增维护项目进行归纳、总结并填入下表。

序号	新增项目	序号	新增项目

2）火花塞检查

（1）查阅维修手册，拆卸火花塞时用所用的工具是_____。拆卸火花塞的注意事项有：_____
_____
_____。

（2）查阅维修手册，根据图 5-9，找出火花塞的检查项目，完成下表。

项目名称	标准	检查结果
1_____		
2_____		
3_____		
4_____		
5_____		

（3）查阅维修手册，参看图 5-10，完成下述选择。

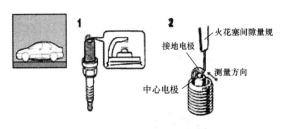

图 5-9　火花塞检查项目　　　　　　　　图 5-10　火花塞状态

1：_____　　2：_____　　3：_____　　4：_____

A. 油污　　　　B. 过热　　　　C. 正常　　　　D. 碳污

（4）本车的火花塞型号是_____。

（5）请查阅维修技术资料，完成下述作业：

①测量火花塞间隙所使用的工具是_____。

②火花塞间隙的测量方法是_____。

③根据图 5-11，说明火花塞间隙调整方法及注意事项：

_____

_____。

3）空气滤清器检查

查阅维修手册及图 5-12，检查空气滤清器，并完成下列作业：

（1）这款车使用的空气滤清器的型号是_____。

（2）如果空气滤清器不怎么脏，能不换吗？为什么？

_____

_____。

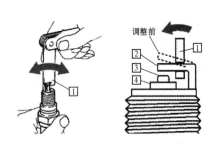 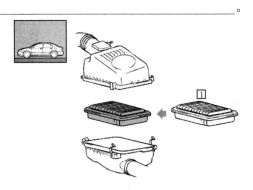

图 5-11　火花塞间隙的调整　　　　　图 5-12　空气滤清器检查

4）发动机皮带检查

(1) 查阅维修手册，参照图 5-13，找出外围皮带的检查项目及本车的标准。

项目名称	标准	检查结果
1_____		
2_____		
3_____		

(2) 参照图 5-14，查阅维修手册，说明传动皮带的张紧度调整的调整方法。

_____

_____

_____ 。

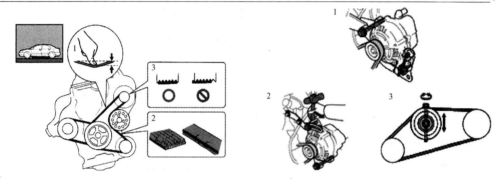

图 5-13　发动机皮带检查　　　　图 5-14　发动机皮带的调整

5）更换燃油滤清器

(1) 参照图 5-15，进行燃油滤清器的更换，操作时应注意的事项有：

_____

_____

_____ 。

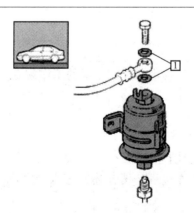

图 5-15　燃油滤清器的更换

(2) 查找其他资料，说说其他车型的燃油滤清器的种类及更换方法。

_____

_____。

二、评价

(1) 在完成以上工作页过程中你在那些方面做得比较好？（   ）
    A. 能积极参与小组讨论
    B. 能主动表达自己的观点
    C. 能正确快速的查找资料
    D. 能最少帮助一名同学解决一个学习问题问题

(2) 如果重新完成一次工作过程，你会在那个方面做出改进？

_____

_____。

(3) 除了大众车系 30 000 km 维护项目以外，你能找出其他另外一种车型的维护项目吗？经过对比后你发现两种车型 30 000 km 维护项目的不同之处有：

_____

_____。

(4) 如果客户咨询："不按时做 30 000 km 维护项目将会对车造成什么样的不良影响？"你的解释是：

_____

_____。

(5) 你在完成 30 000 km 工具设备准备过程中，在职业规范上的感悟是：

_____

_____。

(6) 在完成新增维护项目过程中，你们小组的工作重点是_____。
    A. 速度快
    B. 小组配合
    C. 规范操作
    D. 复习新增项目涉及的理论知识

(7) 根据修理厂的实际工作过程，请描述修理人员完成 30 000 km 维护需要与其沟通的人及需要完成的工作过程。

_____

_____。

三、考核

完成本任务活动评价表（表 5-1）。

表 5-1 活动评价表

班级：　　　　　　　　　　　　组别：　　　　　　　　　　　　姓名：

项　目	评价内容	评价等级（学生自评）		
		A	B	C
关键能力考核项目	遵守纪律、遵守学习场所管理规定，服从安排			
	安全意识、责任意识、5S 管理意识，注重节约、节能与环保			
	学习态度积极主动，能参加实习安排的活动			
	团队合作意识，注重沟通，能自主学习及相互协作			
	仪容仪表符合活动要求			
专业能力考核项目	按时按要求独立完成工作页			
	工具、设备选择得当，使用符合技术要求			
	操作规范，符合要求			
	学习准备充分、齐全			
	注重工作效率与工作质量			
小组评语及建议		组长签名： 　　年　月　日		
教师评语及建议		教师签名： 　　年　月　日		

任务 2　30 000 km 维护的所有项目训练

学习目标

1. 确认 30 000 km 维护项目的完成情况及车辆检查信息，并填写维护单与派工单，反馈有关信息，签字明确工作责任；
2. 描述过程检验与竣工检验的内容与方法，并实施检验。

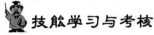
技能学习与考核

任务说明：学生根据以前的维护操作经验，制定 30 000 km 维护操作的双人维护方案，经过小组展示评价后完成双人维护操作。

一、操作步骤

1. 设计 30 000 km 双人维护项目操作方法

填写下表：

A工位	B工位	备注

1）要求

（1）举升车辆的次数最少；

（2）完成时间最短，效率最高；

（3）配合默契。

2）方案展示与评价

向你们班的同学和老师展示你们的双人维护设计方案，你采用的展示方法是：_____。

2. 实施全部维护项目

根据讨论修改后的双从维护方案，两人配合完成全部维护项目，并记录以下各项内容：

（1）你第一次双人维护训练完成的时间是：（　　）分钟。你第二次完成的时间是（　　）分钟。

（2）通过 30 000 km 维护项目训练，你感觉最大的收获是：

_____

_____

_____。

（3）你在进行 30 000 km 维护的过程中比较容易出现问题的地方是：

_____

_____

_____。

二、评价

小组完成 30 000 km 维护所有项目的训练，以下表的方案记录后进行展示，其余小组观察评价。

项目名称	出现问题	处理措施

三、考核

完成本任务活动评价表（表 5-2）。

表 5-2　活动评价表

班级：　　　　　　　　　　　组别：　　　　　　　　　　　姓名：

项　目	评价内容	评价等级（学生自评）		
		A	B	C
关键能力考核项目	遵守纪律、遵守学习场所管理规定，服从安排			
	安全意识、责任意识、5S管理意识，注重节约、节能与环保			
	学习态度积极主动，能参加实习安排的活动			
	团队合作意识，注重沟通，能自主学习及相互协作			
	仪容仪表符合活动要求			
专业能力考核项目	按时按要求独立完成工作页			
	工具、设备选择得当，使用符合技术要求			
	操作规范，符合要求			
	学习准备充分、齐全			
	注重工作效率与工作质量			
小组评语及建议		组长签名： 年　月　日		
教师评语及建议		教师签名： 年　月　日		

附　录

附录Ⅰ　桑塔纳轿车的维护规范

一、首次 7 500 km 维护

汽车行驶里程在 7 500~10 000 km 时，或行驶里程不足 7 500 km 但行驶时间已达到 6 个月时，须到设在各地的上海大众汽车特约维修站去进行维护。

该项维护主要内容如下：
(1) 检查发动机有无渗漏机油、防冻液、汽油以及空调系统有无渗漏；
(2) 检查发动机的点火正时是否正确，必要时调整；
(3) 检查发动机怠速运转时的 CO 含量，必要时调整；
(4) 更换机油和机油滤清器；
(5) 检查变速箱及传动轴有无渗漏及损坏；
(6) 检查蓄电池酸液是否符合要求，必要时添加蒸馏水；
(7) 检查发动机冷却系统的防冻液液面高度及防冻能力，必要时更换并进行压力测试；
(8) 检查发动机盖锁、门铰链、门拉带的润滑情况；
(9) 检查前制动摩擦片的厚度。

二、检修维护

(1) 润滑维护每行驶 7 500 km 进行一次；
(2) 常规维护每行驶 15 000 km 进行一次；
(3) 制动液每行驶两年或者行驶里程每超过 50 000 km 进行更换。

1. 润滑维护

润滑维护主要内容如下：
(1) 目测发动机有无机油、防冻液、汽油及空调系统渗漏；
(2) 检查冷却系统防冻液液面高度及防冻能力，必要时更换，并进行压力测试；
(3) 润滑发动机盖上、下部以及搭钩；
(4) 润滑门盖铰链、门拉带；
(5) 目测制动装置有无渗漏及损坏；
(6) 检查转向拉杆头的间隙、固定程度及防尘罩有无损坏。有动力转向系统的，还应检查转向助力系统液压泵各接头是否渗漏；
(7) 检查传动轴防尘罩有无损坏；

(8) 目测传动箱、主传动轴、轴护套有无渗漏及损坏；
(9) 检查制动摩擦片的厚度。

2. 常规维护

常规维护的内容除润滑维护的项目外，还有以下项目：
(1) 检查照明、警告闪光装置、喇叭的性能；
(2) 检查刮水器和清洗装置的性能，必要时加入清洗液；
(3) 检查离合器行程，不合格时进行调整；
(4) 检查蓄电池酸液液面高度，必要时加注蒸馏水；
(5) 检查静止状态的V形带及其张紧度，必要时张紧或更换；
(6) 清洗空气滤清器的外壳，并更换滤芯；
(7) 更换机油滤清器；
(8) 检查排气装置有无损坏；
(9) 检查操纵系统的波纹管有无渗漏与损坏；
(10) 检查驻车制动，必要时调整（非自动调整）；
(11) 检查全部轮胎（包括备用胎）花纹深度并填表，检查全部轮胎的花纹类型，调整轮胎气压；
(12) 检查制动液状态，摩擦片衬面磨损程度；
(13) 根据车轮固定螺栓力矩，检查车轮固定是否牢靠；
(14) 检查点火提前角是否正确，必要时调整；
(15) 检查怠速是否正确，必要时调整；
(16) 检查并调整怠速时CO含量（电喷式发动机不必调整）；
(17) 检查前照灯灯光，必要时调整；
(18) 试车检查驻车制动器、开关操纵及空调装置的性能。

三、附加维护

轿车每行驶30 000 km，应进行下述项目的维护：
(1) 检查凸轮轴传动带的状态及张紧度，必要时张紧；
(2) 更换化油器式发动机汽油滤清器；
(3) 目测检查底板保护层有无损坏。

轿车每行驶80 000 km，应进行下述项目的维护：
(1) 更换汽油喷射式发动机汽油滤清器；
(2) 更换传感器。

此外，上海桑塔纳2000Gsi型轿车长期存放时，每2～3个月应运转一次发动机，时间3～5 min。

四、桑塔纳2000型轿车加注油液规格

(1) 燃油。必须使用RON90号（研究法辛烷值）以上汽油。加油口位于后翼子板的小盖内，加油时，用钥匙打开油箱盖，将加油嘴全部插入油箱加油口。油箱容量约60 L。

（2）机油。必须使用 API（美国石油学会）标号 SF 级或 SG 级的机油或改良润滑油（VW50000）。也可选用上海炼油厂的海牌 2288 润滑油或上海大众汽车公司监制的桑塔纳轿车 LG000600A4 发动机专用机油。不可选用其他型号的机油及劣质机油，不可混合使用不同牌号的机油。

当更换机油时，可根据附图 1 所示环境温度，选择合适的机油黏度级别。当环境温度短时间内超过原机油的使用范围时，可以不更换机油。

当使用单级机油 SAE10W 或多级机油 SAE5W－20、SAE5W－30 时，不要在节气门全开时长时间运行，特别是当环境温度高于附图 1 所示温度范围时。

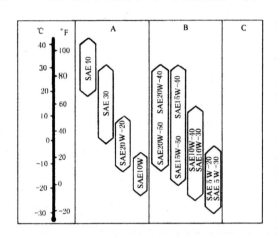

附图 1　发动机机油的选择

A—单标号机油；B—多标号机油；C—改良润滑机油

发动机机油油面应经常检查，保持机油油面位于机油尺 MAX（最高）及 MIN（最低）两个标记之间。

汽车每行驶 7 500 km 定期更换发动机机油。如果汽车连续在多尘地区以及气温低于 －20℃ 的寒冷地区行驶，发动机机油的更换周期应相应缩短。

（3）变速器齿轮油。变速器齿轮油标号为 API－GL5，SAE75W90，应按维护周期的规定检查变速器齿轮油油面高度。

（4）自动变速器油。自动变速器的行星齿轮减速器应加注大众专用 VW ATF，配件号为 G052 162 A1（0.5 L 桶装）或 G052 162 A2（1 L 桶装）。主减速器的润滑油标号为 SAE75W90，其配件号为 G052 145 A1（0.5 L 桶装）或 G052 145 A2（1 L 桶装）。

（5）冷却液。汽车出厂时，冷却系统中已经加注了可永久使用的冷却液。

检查冷却液液面。发动机应处于冷态时，冷却液液面应在膨胀箱上 MIN 和 MAX 两个标记之间。当冷却液液面过低时，冷却液液面信号灯会连续闪烁。

加注冷却液。可选用型号为 N052 774 BO 或改进型冷却液 N052 774 CO 的冷却液。也可选用上海研究所生产的利达牌 FDF－IVW 防冻液或中国科学院上海有机化学研究所生产的冷却液。

出厂时加入冷却系统的冷却液，其防冻的温度可达 －25℃（G11 防冻剂约 40%，水约 60%）。为保证足够的防冻能力，在寒冷季节来临前及时检查冷却液，必要时添加 G11 添加剂（未经稀释的）。

在需要的更强的防冻能力时，可以提高 G11 添加剂的比例，但最高不得超过 60%（防冻温度大约为－40℃），否则反而会使防冻性能降低，并影响冷却效果。寒冷地区的汽车防冻能力通常为－35℃（G11 防冻剂约 50%，水约 50%）。

（6）制动液。选用制动液时，应选用上海大众汽车有限公司所规定的制动液型号 N052 766 XO。

制动液储液罐内的制动液液面应始终保持在"MAX"与"MIN"两个标记之间。制动液液面由于汽车制动摩擦片磨损而自动调节后略有下降是完全正常的。但液面不能低于"MIN"标记。如果制动系统信号灯发亮，则表明制动系统出现故障，应立即找出故障原因并予以排除。

桑塔纳 2000 型轿车加注的油、液规格见附表 1。

附表 1　桑塔纳 2000 型轿车维护用油、液规格

	规格	使用温度范围/℃	容量/L
发动机机油（必须是使用 API 标号 SF 级或 SG 级机油或改良润滑油）	单级 SAE10W 　　　SAE20W 　　　SAE30W 　　　SAE40W	－25～－5 －15～+10 －5～+30 +25～+40	2.3（不换机油滤芯） 3.0（换机油滤芯）
	双级 SAE5W－20/30 　　　SAE10W－30/40 　　　SAE15W－40/50 　　　SAE20W－40/50	－30～－5 －25～+15 －20～+30 －15～+30	
	VW50000		
发动机冷却液	NO52774BD 添加剂＋水 NO52774CD 添加剂：水（体积比） 40%：60%或 50%：50%	－25 －30	6.0
变速器齿轮油	API－GL5，SAE75W90		2.0
自动变速器	行星齿轮减速器	VW ATF		5.5（首次加入量）约 3.5（更换）
	主减速器	SAE75W90		0.75（首次加入量）不用更换
制动装置制动液	NO52766×0		2.5（不带 ABS） 3.0（带 ABS）
转向装置液压油	PEN　POSIN CHF IIS PL－VW521 46		加注到贮存罐高标记处

附录 Ⅱ

新车交接（PDI）检查表 A

车型名称：_____　　车型代码：_____　　车身颜色：_____
车 架 号：_____　　发动机号：_____　　交车日期：_____
客户姓名：_____　　联系电话：_____　　检查人员：_____

A 作业准备	1. 轮胎气压计、扭力扳手、21寸套筒、万用表、工具 2. 座套、翼子板布、把套、脚垫、布、垫板 3. 安装随车附件	C 室内检查与操作	□座椅及头枕调整 □行李厢盖、尾门的开启 □行李箱和尾门灯 □加油盖的开启 □后座椅的收放及调整 □行李厢盖、尾门的锁定 □手套箱的开启及锁定	F 打开车门	□门灯/门锁 □后门儿童锁 □门边密封条接合情况 □仪表板车门安全警告灯 □关闭车门检查缝隙情况 □钥匙/遥控器
B 发动机舱	□发动机盖锁扣及铰链 □电瓶极柱及电压 □车身主搭铁线 □发动机舱保险丝及备用保险丝 □制动液液位及缺油警告灯 □离合器油的液位 □发动机机油液位 □冷却液液位及水质 □转向助力油液位 □玻璃清洗剂液位 □传动皮带的张紧力 □油门控制拉线 □机舱内软管的连接 □各传感器插接情况	D 点火开关 ON	□手机免提 □所有警告灯的检查、ABS、驻车制动、油压液位、发动机、SRS、AT挡位显示灯 □AT起动保护器	G 热车检查	□自动变速器热态油位 □CVVT工作状况 □检测仪检查所有数据 □冷却风扇工作情况 □急速/排放 □燃油、发动机、冷却液及废气的渗漏 □热起动性能
C 室内检查与操作	□离合器踏板高度与自由行程 □制动器踏板高度与自由行程 □油门踏板操作 □方向盘自由行程 □室内保险丝及备用件 □收音机调节 □音响/CD机 □方向盘自锁功能 □驻车制动操作 □倾斜方向盘操作 □遮阳板 □内后视镜 □中控锁及防盗装置 □室内照明灯 □眼镜盒 □阅读照明灯 □前后座椅安全带 □安全带提示灯 □座椅扶手 □座椅靠背角度	E 起动发动机	□电瓶和起动机的工作及各警告灯显示情况 □急速 □前部与后部清洗器的工作 □前后雨刷器的工作 □转向指示灯与自动解除 □危险警告灯 □示宽灯及牌照灯 □大灯（远光灯及近光灯） □雾灯开关 □制动灯和倒车灯 □仪表灯与调光器 □烟缸及杂物箱照明灯 □喇叭操作 □点烟器 □天窗的操作 □后窗除雾器操作 □各种挡位下空调性能 □循环开关 □电动车窗、各车门开关 □电动及电热后视镜 □电热座位 □时钟的设定及检查	H 最后	□清洗车辆外部 □检查车内包括行李厢是否有水漏入 □将下列资料放入手套箱：整车合格证、整车出厂安全检测报告、使用维护说明书、保修手册、快速入门手册、音响使用说明书

PDI检查员按表内项目进行检查，在合格的项目打"√"，不合格的打"×"。

操作人：_____　　班级：_____
教师：_____
评语：

附录Ⅲ

新车交接（PDI）检查表 B

工作组：_____　　检查日期：_____　　车型：_____

车架号：_____　　发动机号：_____　　颜色：_____

新车交接检查问题点详细情况：

在被检测出有问题或有缺陷的地方画上圆圈：

详细描述每一个问题或缺陷，并在完成零部件更换或修理后立即记录于下表内：

现象描述	维修或调整内容	维修技师签字

※注：当新车交接检查发现问题时需填写此表，并与 A 表一同放进客户档案内保存。

检查员：_____　　日期：_____

操作人：_____　　班级：_____

教师：

评语：

附录 Ⅳ

企业模拟 7S 管理检查表

班级_____ 姓名_____ 小组_____

项目	内　容	满分	得分	问题点
整理	（1）桌子、抽屉是否杂乱	10		
	（2）有无必要的隔间妨碍实训室良好视野			
	（3）下课时桌面上是否干净利落			
整顿	（1）学材、教材、资料、作业文件等有无定位化（配合颜色、区域线管理）	15		
	（2）能否随时取出必要书籍、资料等文件			
	（3）桌子上的资料、学材、教材、作业本有无控制在最低数量			
	（4）有无以区域线规划桌子、文件架、通道位置			
	（5）有无规定常用物品存放场所，并加以管理			
清扫	（1）地面、桌面是否杂乱	15		
	（2）垃圾箱有无溢满			
	（3）有无杂乱布置的电源、电线			
	（4）实训室设备有无污秽及尘埃			
	（5）开水供应处是否干净			
清洁	（1）有无设备、工具、量具管理制度	10		
	（2）资料是否分类存放			
	（3）实训室有无分区，并责任到人			
素养	（1）有无迟到、早退现象	15		
	（2）工作是否主动			
	（3）是否穿工作服			
	（4）日常是否使用普通话			
	（5）是否具有良好的服务意识			
安全	（1）有无不遵守设备、工具、量具管理制度	15		
	（2）是否穿工作服、工作鞋、带工作帽			
	（3）实训室有无油污，并责任到人清理			
节约	（1）有无乱扔、乱放现象	20		
	（2）工作是否认真操作，不损坏零件			
	（3）是否能利用可用的零部件			
	（4）日常工作中是否能修旧利废			
	（5）是否具有良好的勤俭节约意识			
	得分总计			

教师：　　　　　　　　　　　　　　　　　　　　年　　月　　日

附录 Ⅴ

定期维护单

Bora A4　(2002)　　一汽—大众特许经销商（服务）

用户姓名	牌照号	底盘号	领证日期	行驶里程（km）	维护日期

7 500 km 首次免费维护	每12个月或每15 000 km 定期维护	每24个月或每30 000 km 定期维护	每60 000 km 定期维护	一汽大众特许经销商宝来轿车定期维护项目	合格	不合格	消除
●	●	●	●	更换发动机机油及机油滤清器			
	●	●	●	检查排气系统是否有泄漏或损坏			
●	●	●	●	目测检查发动机及机舱内的其他部件是否有泄漏或损坏			
	●			清洗空气滤清器壳体，必要时，更换滤芯			
		●	●	更换空气滤清器滤芯，清洗壳体			
	●			检查清洗火花塞，如必要，更换火花塞			
		●	●	更换火花塞			
	●	●	●	检查正时齿带状态及张紧度			
●	●	●	●	检查冷却液浓度，如必要，添加冷却液或调整浓度			
●	●	●	●	查询自诊断系统故障存储器			
●	●	●	●	检查制动摩擦衬块厚度			
●	●	●	●	目测检查制动系统是否有泄漏和损坏			
	●	●	●	检查制动液位			
	●			若油质太差，应更换燃油滤清器			
	●			排掉燃油滤清器内的水（柴油发动机）			
	●	●	●	检查大灯光束，如必要，调整大灯光束			
		●		更换粉尘滤清器			
●	●	●	●	检查手动变速箱内的齿轮油油位，如必要，添加齿轮油			
	●	●	●	目测检查车身底部防护层是否破损			
●	●	●	●	目测检查变速箱，主减速器及等速万向节防护套有无泄漏或损坏			

续表

7 500 km 首次免费维护	每12个月或每15 000 km定期维护	每24个月或每30 000 km定期维护	每60 000 km定期维护	一汽大众特许经销商宝来轿车定期维护项目	合格	不合格	消除
●	●	●	●	检查转向球头节防尘套有无泄漏或损坏			
●	●	●	●	检查转向横拉杆球头的间隙、紧固程度及防尘套状况			
●	●	●	●	检查蓄电池固定情况，电解液液面（非免维护蓄电池）			
				检查蓄电池固定情况，电眼颜色（免维护蓄电池）			
●	●	●	●	检查所有轮胎（包括备胎）的花纹深度及磨损形态，按要求检查轮胎气压，必要时校正			
●	●	●	●	进行轮胎换位			
●	●	●	●	润滑车门限位器及车门铰链		●	
	●	●	●	检查车外照明灯、转向信号灯、警报灯及行李厢照明灯的工作状态			
	●	●	●	检查车内照明灯、杂物箱照明灯，点烟器、喇叭及警报指示灯的工作状况			
	●	●	●	检查安全气囊罩壳是否损坏			
	●	●	●	检查风窗刮水器及清洗器，清洗液喷嘴的功能及刮水器的停止位置，如必要，调整喷嘴和添加清洗液			
		●	●	更换燃油滤清器			
		●	●	检查多楔传动带的状态			
		●	●	检查助力转向机构液压油油位，如必要，添加液压油			
			●	检查自动变速箱润滑油（ATF）油位，如必要，添加润滑油（ATF）			
			●	检查自动变速箱主减速器润滑油油位，如必要，添加齿轮油			
	●	●	●	维护周期指示器复位			
●	●	●	●	路试，检查驻车制动和转向等功能。终检。			

注意：◆每80 000 km更换正时齿带及张紧器。 ◆检查是否加装其他电气设备，若加装，请在维护手册中注明
◆每24个月更换制动液
◆每48个月更换空气滤清器滤芯，清洗壳体（包括四年内行驶里程未达 30 000 km 的轿车） ◆检查是否加装其他机械附件，若加装，请在维护手册中注明

机修工签名：　　　　　　　　终检签名：　　　　　　　　用户签名：

合格＝已检查未发现缺陷；
不合格＝检查中发现缺陷；
消除＝按维修信息消除缺陷。

参 考 文 献

[1] 王立刚. 汽车机械维修与保养 [M]. 北京：机械工业出版社，2010.
[2] 范爱民，成伟华. 汽车维护与保养 [M]. 北京：清华大学出版社，2010.
[3] 凌晨. 汽车电气设备构造与维修 [M]. 天津：科技技术出版社，2010.
[4] 中国汽车维修协会. 维修检验技术 [M]. 北京：人民交通出版社，2010.
[5] 潘伟荣，刘越琪. 汽车结构与拆装 [M]. 北京：人民交通出版社，2011.
[6] 吉武俊，胡勇. 汽车维护与保养 [M]. 北京：机械工业出版社，2011.
[7] 常同珍，陈建华. 汽车发动机底盘构造及原理 [M]. 北京：理工大学出版社，2013.
[8] 王忠良，吴兴敏. 汽车使用性能与检测 [M]. 北京：理工大学出版社，2014.
[9] 周旭，沈沉. 汽车总线技术 [M]. 北京：理工大学出版社，2014.
[10] 杜瑞丰，李忠凯. 汽车发动机底盘构造与维修 [M]. 北京：理工大学出版社，2015.
[11] 孔宪峰. 汽车发动机构造与维修 [M]. 北京：理工大学出版社，2016.
[12] 吴兴敏，李晓峰. 汽车整车性能检测 [M]. 北京：理工大学出版社，2016.
[13] 于明进，于光明. 汽车电气设备构造与维修 [M]. 北京：理工大学出版社，2017.
[14] 杨罗成，刘迎春. 汽车空调维修与检测 [M]. 北京：电子工业出版社，2018.